Der Angriff auf unsere Zukunft

Wie Ideologie, Medien und Macht unsere Freiheit bedrohen

Jörns Bühner

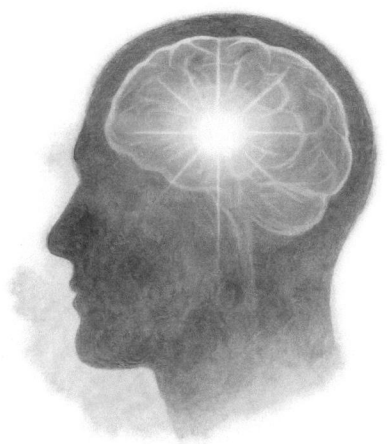

Für DICH

Dieses Buch ist für DICH geschrieben und für alle diejenigen Leserinnen und Leser, die sich trauen, sich den nüchternen Fakten, den Wahrheiten den aktuellen Entwicklungen auf der gesamten Welt, insbesondere in der EU und in Deutschland kritisch und mutig entgegenzustellen. Es war noch nie falsch, quer zu denken.

Du lieber Leser und liebe Leserin, Du allein bist der Schöpfer Deines Lebens und der Erschaffer Deiner Realität.

Und somit ist jeder Einzelne von uns verantwortlich für die Welt, in der wir alle gemeinsam leben.

Jetzt und in der Zukunft.

Inhaltsverzeichnis

Vorwort

Dieses Buch habe ich geschrieben, um zu informieren, aufzuklären und aufzuwecken. Man kann es gar nicht oft genug tun. Es ist in unserer aktuellen weltweiten Situation das Wichtigste überhaupt.

Es ist ein Appell und Weckruf. Es ist kein Manifest des Widerstandes, sondern eher ein Aufruf zur Wachsamkeit und Wachheit. Es richtet sich an alle, die spüren, dass in unserer Welt etwas heftig aus dem Gleichgewicht geraten ist – und die sich fragen, woran liegt das und was können wir jetzt noch dagegen tun.

Es richtet sich an all jene, die sich nicht mit der Oberfläche, mit billigen Narrativen zufriedengeben, sondern nach Tiefe und echter Wahrheit suchen. Also an diejenigen, die nicht einfach glauben, was im Mainstream medial gesagt wird, sondern selbst denken wollen und die kritisch hinterfragen.

Wir leben in einer Zeit beispielloser immer höher werdenden Geschwindigkeit mit technologischem Fortschritt, gesellschaftlicher ideologischer Transformationen, globale Umbrüche – alles scheint sich mehr und mehr zu überstürzen.

Und während draußen die Welt sich neu ordnet, geraten viele Menschen innerlich immer mehr ins Wanken. Orientierungslosigkeit macht sich breit. Verwirrung, Müdigkeit, Angst und manchmal sogar Hoffnungslosigkeit.

Doch inmitten dieses Sturms liegt auch eine große Chance. Nämlich die Rückkehr zum Wesentlichen und damit auch zu Hoffnung und Zuversicht.

Dieses Buch versucht nicht einfache Antworten zu geben. Es stellt vielmehr Fragen. Es lädt ein zur Reflexion. Es benennt, was nicht mehr stimmt und was wieder ins Lot gebracht werden kann. Es ist keine Analyse von außen, sondern soll eher eine Reise nach innen sein.

Denn der Wandel, den wir uns wünschen, beginnt nicht in Parlamenten oder auf Plattformen – er beginnt im Einzelnen. In jedem Einzelnen von uns allen selbst.

Dieses Buch soll aufzeigen, erklären, aufwecken und vor allem ermutigen. Es soll die Angst vor dem Ungewissen nehmen und Klarheit schaffen. Denn Angst ist immer ein sehr schlechter Berater.

Wenn du den Mut hast, genau hinzusehen, wenn du bereit bist, unbequeme Wahrheiten zuzulassen, wenn du spürst, dass letztendlich tatsächlich jede Stimme zählt, dass eben auch DEINE Stimme zählt – dann ist dieses Buch für Dich.

Möge es ein Begleiter sein auf dem Weg zurück zu Dir. Und damit zu einer Zukunft, die wieder menschlich, frei und lebenswert ist.

Mut steht am Anfang des Handelns,

Glück und Freiheit am Ende.

Frei nach Demokrit

Kapitel 1

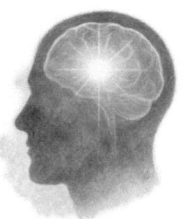

Einleitung

Es beginnt meist recht leise. Nicht mit einem Knall, sondern mit einem Gefühl. Irgend etwas stimmt nicht. Schleichend und kaum bemerkbar. Etwas ist aus der Balance geraten. Nicht nur da draußen in der Welt – sondern plötzlich auch in uns. Eine permanente Unsicherheit breitet sich aus.

Man sieht sie in den Augen der Menschen, hört sie in den Gesprachen, spürt sie in den stillen Momenten zwischen zwei Bildschirmen. Und doch macht kaum jemand den Mund auf.

Diese Einleitung ist kein Vorwurf, sondern ein Versuch. Ein Versuch, das Unsichtbare sichtbar zu machen. Den Schleier zu lüften, der sich über unsere Zeit gelegt hat. Die permanenten falschen Informationen der Mainstream Medien zu enthüllen.

Sie offen zu legen und mit Fakten und Wahrheiten zu entlarven. Dabei geht es nicht um einfache Antworten – sondern um den Mut, überhaupt wieder Fragen zu stellen. Sich kritisch mit allem auseinanderzusetzen und vermeintlich als einzige Wahrheit deklarierte Dinge neu zu hinterfragen.

Was geschieht mit unserem Gehirn, mit unserem Denken, wenn Information plötzlich zur Waffe wird? Was geschieht mit unserer Sprache, wenn sie mehr verschweigt als sagt? Was geschieht mit unserem Menschsein, wenn wir uns selbst nur noch als Funktionseinheit im digitalen Spiel begreifen?

Diese Fragen brennen. Sie betreffen nicht nur Intellektuelle, Philosophen oder Aktivisten – sie betreffen jeden. Denn jeder Mensch ist Teil dieser Welt, dieser Gesellschaft, dieses hochgradig fraglichen Wandels.

Und jeder Mensch trägt Verantwortung –auch wenn er sich dieser lange nicht bewusst war. Wir leben in einer Welt, in der vieles auf dem Kopf steht. Was einst als sicher galt, ist heute mehr als fraglich geworden. Was als Fortschritt galt, entpuppt sich oft als Trugbild. Was als Freiheit gefeiert wurde, wird zur neuen Form der Kontrolle. Demokratie ist zur Bevormundung und völligen Kontrolle mutiert. Und Krieg bedeutet plötzlich Frieden.

Wir hetzen durch den Alltag, getrieben und erschöpft vom Versuch, alles richtig zu machen – aber viele spüren doch: Es fehlt etwas ganz Wesentliches. So Vieles ist total im Argen.

Dieses Buch will jedoch nicht belehren. Es will wach rütteln, es will berühren. Es will nicht einfach nur Recht haben – es will wahrhaftig sein. Es lädt dich ein, mit offenen Augen zu sehen, mit klarem Verstand zu denken und mit wachem Herzen zu leben.

Denn Veränderung beginnt nicht im Außen. Sie beginnt in uns allen - es beginnt in Dir. Vielleicht ist diese Einleitung der Anfang einer Reise zurück zu dir selbst. Zu deiner Wahrheit. Zu deinem Mut und zu deiner Freiheit.

Und wenn du bereit bist mitzugehen, dann beginnt hier möglicherweise etwas Neues. Nicht spektakulär. Aber echt und wahrhaftig.

Ohne Sperren im Kopf und mit der Möglichkeit, auch selbst etwas mit für eine lebenswerte, freie Zukunft beizutragen.

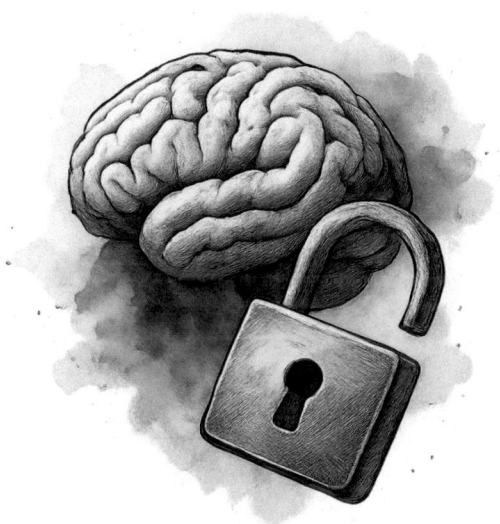

Kapitel 2

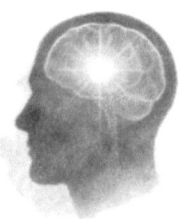

Kindheit und Konditionierung

Die ersten Jahre unseres Lebens sind bekanntlich absolut entscheidend. Nicht, weil wir in ihnen schon bewusst denken, urteilen oder handeln – sondern weil wir in ihnen alles aufnehmen, wie ein Schwamm. Wir saugen auf, was uns umgibt. Worte, Blicke, Stimmungen, Regeln und Ängste. Alles, was wir in dieser Zeit erleben, prägt unsere innerste Struktur für die Zukunft.

Und das meiste davon bleibt unbewusst – ein Leben lang. Konditionierung beginnt nicht mit Befehlen. Sie beginnt mit Wiederholung und mit Reaktionen auf unser Verhalten. Das Kind erlebt Zustimmung oder Ablehnung, Wärme oder Kälte, Aufmerksamkeit oder Ignoranz.

Ein Kind lernt schnell, was erwartet wird – und was nicht. Es passt sich entsprechend an. Und zwar nicht aus Schwäche, sondern aus reinem Überlebenswillen. Dieses oftmals existenzielle Muster wird vielfach mit ins spätere Leben übernommen. Wer dazugehören will, muss sich fügen.

Diese frühe Prägung betrifft nicht nur das Verhalten – sie betrifft unser gesamtes Weltbild. Ob wir der Welt vertrauen oder misstrauen, ob wir uns für wertvoll oder für falsch halten, ob wir Nähe zulassen oder vermeiden – all das hat seinen Ursprung in der Kindheit.

Und weil es so früh beginnt, halten wir es für normal. Doch „normal" ist nicht gleich „wahr". Viele von uns tragen Überzeugungen in sich, die nicht aus freiem Denken entstanden sind, sondern aus schlichter Anpassung. Wir wurden trainiert, auf bestimmte Reize mit bestimmten Reaktionen zu antworten.

Und je häufiger wir dies taten, desto fester verankerten sich die Muster. Die Medien, die Schule, sogar vermeintlich gut meinende Eltern verstärken oft unbewusst diese Konditionierungen. Wer still ist, wird gelobt. Wer fragt, wird ermahnt. Wer anders denkt, wird kritisiert und belächelt oder ist schnell außen vor.

Auf diese Weise entstehen nicht nur äußere, sondern auch innere Zensurmechanismen. Wir sagen nicht mehr, was wir denken und irgendwann denken wir nicht einmal mehr, was wir fühlen. Aber der Weg in die Freiheit beginnt mit dem Erkennen dieser fatalen Mechanismen.

Nicht mit Schuldzuweisung, sondern mit klarem Bewusstheit. Denn natürlich sind wir nicht verantwortlich dafür, was man uns in der Kindheit eingepflanzt hat – aber wir sind in jedem Fall verantwortlich dafür, ob wir es heute noch nähren und so unser Leben fortsetzen.

Die Kindheit prägt – aber sie darf nicht dauerhaft für den Rest des Lebens bestimmend sein. Jeder Mensch kann sich entscheiden, alte Muster zu hinterfragen, sich zu lösen und gezielt neue Wege zu gehen.

Es ist ein stiller, oftmals nicht leichter, aber eine sehr machtvoller Ak. Es ist der Moment, in dem man sagt – das bin ich nicht mehr. Ich bin ein freier Mensch, ich bin ein Individuum, ein selbst denkender und fühlender Mensch.

Und dann beginnt etwas Neues, meist wirklich Gutes. Man nennt es Persönlichkeitsentwicklung. Das sollte möglichst jedem Menschen zuteil werden. Sich selbst sehen und erkennen und entwickeln zu einer eigenen, selbst denkenden und fühlenden Persönlichkeit. .

Erst wer sich wirklich frei von den angeeigneten Mustern der Kindheit, der Eltern und des bislang gelebten Lebens gemacht hat, kann seine ganz eigene Persönlichkeit erkennen, leben und sich wirklich frei fühlen.

Eltern haben bekanntlich die volle Verantwortung für Ihre Kinder und deren späteres Leben. Denn die Basics werden in frühester Kindheit gelegt. Auch ganz besonders für deren Fähigkeit, sich den Herausforderungen der freiheitsberaubenden Agenden entgegenzustellen.

Denn wenn Kinder in früher Kindheit regelmäßig mit Fernseher, Smartphone oder Tablet ruhiggestellt werden, fehlen ihnen entscheidende Entwicklungsreize. Das kindliche Gehirn braucht in den ersten Lebensjahren vor allem direkte Sinneserfahrungen – Sehen, Hören, Tasten, Riechen, Schmecken – sowie soziale

Interaktion. Nur so können wichtige neuronale Verbindungen reifen. Nur so sind die Kinder später auch in der Lage, kritisch zu hinterfragen und sich den Problemen entgegenzustellen.

Stattdessen überfordern schnelle Bilder und Geräusche von Bildschirmen das kindliche Nervensystem, während aktive Bewegung, kreatives Spiel und echte zwischenmenschliche Kommunikation verkümmern. Das betrifft vor allem:

- Sprachentwicklung: Weniger echte Gespräche → verzögerter Wortschatzaufbau.

- Aufmerksamkeit und Impulskontrolle: Schnelle Bildschirmreize machen es schwer, längere Zeit bei einer Sache zu bleiben.

- Emotionale Entwicklung: Weniger Empathie, weil echte Gesichtsausdrücke und soziale Signale fehlen.

- Motorische Fähigkeiten: Zu wenig Bewegung → Probleme mit Koordination und Körpergefühl.

Das Gehirn ist in dieser Phase extrem formbar – wenn es hauptsächlich passiv berieselt wird, verpassen Kinder fundamentale Reize für Selbstregulation, Kreativität und soziale Kompetenz, sowie für die Entwicklung von selbstständigem Denken.

Die Bequemlichkeit der Eltern wird so langfristig zum Risiko für die gesunde Entwicklung ihres Kindes.

Die Kinder verkümmern geistig und es fehlt Ihnen an allem, was ein geistig wacher, selbstbewusster und freier Mensch benötigt, um sich gegen die drohenden Gefahren zu erwehren.

Die Generationen sind für die globale Elite ein leichtes Opfer. Sie sind schnell und leicht manipulierbar und einfach zu unterdrücken. Es ist für die Kinder existenziell wichtig, dass sie von ihren Eltern nicht im Stich gelassen werden.

Dafür ist es natürlich unabdingbar, dass zunächst schon die Eltern selbst in der Lage sind, sich selbstbewusst und selbstdenkend gegen die weltweiten Entwicklungen zu stellen.

Kapitel 3

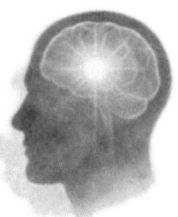

Die Matrix der Medien

Die Medienlandschaft hat sich in den letzten Jahrzehnten radikal verändert – und mit ihr leider auch die Art und Weise, wie wir Realität wahrnehmen. Was früher durch einige wenige Tageszeitungen und Fernsehsender bestimmt wurde, ist heute ein globales, digitales Netz aus Plattformen, Schlagzeilen, Bildern, Kommentaren, Likes und Algorithmen. Wir leben nicht mehr in der Realität – wir leben in ihrer Inszenierung.

Diese Inszenierung ist keine bewusste Lüge, sie ist viel umfänglicher und raffinierter. Sie zeigt der Masse, was gezeigt werden soll, und blendet aus, was nicht ins Bild passt. Sie arbeitet nicht nur mit Fälschung – sondern vielfach auch mit Gewichtung.

Ein Thema wird groß ausgespielt, während ein anderes ganz bewusst verschwindet. Und so entsteht ein verzerrtes Weltbild, das wie selbstverständlich wirkt – weil es überall gleich klingt. Medien sind nicht mehr neutral. Sie waren es nie wirklich, aber in einer Zeit, in der fast alle Informationen über digitale Kanäle laufen, ist ihre Macht erheblich größer als je zuvor. Sie beeinflussen nicht nur, was wir wissen – sondern auch, was wir fühlen, wie wir reagieren, wovor wir Angst haben und was wir glauben zu wissen. Die Jahre von Corona war exemplarisch dafür.

Besonders gefährlich wird es, wenn sich Medien nicht mehr als kritische Instanzen verstehen, sondern als „Vermittler der Wahrheit". Dann verwandeln sie sich in eine neue Form der Ideologie: eine, die nicht argumentiert, sondern emotionalisiert. Die nicht klärt, sondern nur noch polarisiert. Die nicht fragt, die nicht informiert, sondern schlicht behauptet.

Dabei nutzen sie gezielt psychologische Mechanismen wie permanente Wiederholung, emotionale Trigger, vereinfachte Erzählmuster und immer wieder die massive Verbreitung von Angst. Der klassische Feind – das Opfer – der Retter.

So werden recht komplexe Zusammenhänge einfach auf plumpe Schlagworte reduziert. Wer diese Muster durchschauen kann, der erkennt jedoch schnell, die Realität, wie sie uns präsentiert wird, ist gefiltert, manipulativ und oft lange vorprogrammiert. Doch es gibt einen Ausweg.

Er beginnt mit Medienkompetenz. Mit der Fähigkeit, klar zwischen Information und Meinung zu unterscheiden. Mit dem Mut, nicht nur eine Quelle zu nutzen. Seit 2020 hat sich eine breit aufgesellte alternative, unabhängige Medienlandschaft gebildet. Die sogenannten alternativen Medien. Sie finanzieren sich frei und nur durch ihre Nutzer. Sie sind mittlerweile geradezu existenziell wichtig geworden. Denn nur durch sie ist es möglich, sich breit gefächert und unabhängig zu informieren.

Wir alle können uns entscheiden und Fragen stellen. Mit dem echten Willen, hinter die Schlagzeile zu blicken – und ganz einfach zu fragen: Wem dient diese Story? Die Matrix der Mainstream Medien wirkt nur dort, wo wir sie unreflektiert konsumieren. Wer aber beginnt, bewusst zu wählen was er liest, was er hört, anschaut und was nicht, der durchbricht das Muster.

Die Medien sollen uns informieren – nicht formen. Und das gelingt nur, wenn wir wieder lernen, selbst zu denken. Denn in einer Welt der Meinungsmärkte und der Propaganda ist der eigene Verstand das letzte echte Medium.

Kapitel 4

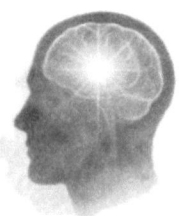

Die Tyrannei der Ablenkung

Wir leben in einer Ära der ständigen Reizüberflutung. Unsere Aufmerksamkeit ist zu einer der wertvollsten Ressourcen geworden – nicht nur für Werbetreibende, sondern für die gesamte Struktur einer digitalen Gesellschaft. Der Mensch lebt in der Illusion von Freiheit, während er in Wirklichkeit in digitalen Ketten liegt.

In früheren Zeiten war Ablenkung begrenzt durch die Umgebung, durch Zeit, durch soziale Normen. Heute dagegen sind wir permanent erreichbar, permanent gestört, permanent konfrontiert mit Informationen, Meinungen, Bildern, Impulsen.

Jeder Moment der Stille, der vielleicht möglichen Langeweile wird reflexhaft von irgendetwas gefüllt. Langeweile oder das in sich verweilen ist nicht mehr erlaubt und gilt zumeist als Zeichen von Sinn- und Nutzlosigkeit. Doch gerade in der Langeweile steckt ein für uns Menschen tiefes Potenzial. Sie ist die Quelle von Kreativität, von Selbstwahrnehmung, von geistigem

Wachstum. Ein Kind, das nichts zu tun hat, beginnt zu entdecken.

Ein Erwachsener, der innehält, beginnt zu reflektieren. Doch diese Pausen sind leider sehr rar geworden. Sie sind fast nicht mehr vorhanden. Die ständige Zerstreuung ist nicht nur ein Nebeneffekt der digitalen Welt – sie ist ihr Kerngeschäftsmodell.

Die großen Plattformen leben davon, unsere Aufmerksamkeit permanent zu fesseln. Je länger wir am Smartphone, am Bildschirm bleiben, desto mehr Daten liefern wir von uns, desto mehr Werbung sehen wir, desto abhängiger und manipulierter werden wir. Unsere Gehirne werden auf schnelle Belohnung trainiert: ein Like, eine Nachricht, ein neuer Clip.

Das Dopamin fließt – aber es macht uns nicht frei, sondern süchtig und dumm. Diese Tyrannei der Ablenkung hat nicht nur persönliche Konsequenzen, sondern vor allem massive gesellschaftliche Folgen. Denn eine permanent beschäftigte und abgelenkte Gesellschaft ist nicht mehr wachsam.

Sie hinterfragt nicht und sie denkt nicht. Sie organisiert sich nicht, sondern sie konsumiert und folgt. Sie verliert ihre demokratische Vitalität – weil sie mit sich selbst beschäftigt ist.

Es ist kein Zufall, dass kritische Stimmen in der Öffentlichkeit oft untergehen. Nicht nur weil sie immer mehr zensiert werden – sondern weil sie übertönt werden. Vom Lärm der Dauerunterhaltung, vom Strom der Sensationen, vom Sog des digitalen Alltags. Die beste Zensur ist nicht das Löschen – es ist das Überfluten. Hinzu kommt: Die permanente Reizüberflutung erschöpft uns. Studien zeigen, dass die Fähigkeit zur

Konzentration rapide abnimmt. Kinder können sich kaum noch länger als ein paar Minuten fokussieren. Erwachsene springen im Schnitt alle 40 Sekunden zwischen digitalen Inhalten.

Die Folge ist eine Fragmentierung des Denkens – und damit auch des Bewusstseins. In dieser mentalen Zersplitterung liegt eine große Gefahr. Denn wer sich selbst nicht mehr spürt, verliert seine Identität. Und wer sich selbst nicht mehr reflektiert, ist sehr leicht zu manipulieren.

Der Mensch, der seine innere Stimme nicht mehr hört, beginnt nach äußeren Stimmen zu suchen – und wird anfällig für Ideologien, Gruppendruck, Konformismus.

Deshalb ist es ein Akt der Selbstverteidigung, sich gegen diese Tyrannei zu stellen. Wer sein Smartphone abschaltet, wer sich in Stille begibt, wer wieder liest, schreibt, denkt – der macht sich frei. Nicht von der Welt – aber von ihrer Kontrolle.

Die Wiederentdeckung der Langsamkeit, der Tiefe, der echten Begegnung ist keine nostalgische Sehnsucht. Sie ist Widerstand. Sie ist Befreiung. Sie ist der Weg zurück zu einem Leben, das nicht nur funktioniert, sondern erfüllt.

Und vielleicht ist genau das die revolutionärste Tat unserer Zeit: sich nicht mehr ablenken zu lassen.

Wer die Disziplin aufbringen kann, sich zumindest zeitweise aus den Fängen der medialen Beschallung zu befreien, hat noch die Chance, sich selbst wieder mehr wahrzunehmen. Denkprozesse in Gang zu setzen und einfach mal seinen eigenen Gedanken freien Lauf zu lassen.

So ist es noch möglich, dass so manipulative Gedröhne der Medienlandschaft ein wenig zu entfliehen, sich zu befreien von Indoktrination und ideologischen Vorgaben.

Kapitel 5

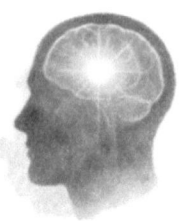

Digitale Diktatur: Wenn Algorithmen Erziehung übernehmen

Die Digitalisierung wird oft gefeiert als Fortschritt – als Motor für Bildung, Teilhabe und Innovation. Doch in Wahrheit steuern wir in eine Ära, in der nicht mehr der Mensch die Technologie nutzt, sondern die Technologie den Menschen.

Besonders in Bildung, Sozialverhalten und Meinungsbildung entfaltet sich eine Entwicklung, die beängstigend ist: eine digitale Diktatur, unsichtbar, aber wirksam – und sie beginnt früh.

In Klassenzimmern ersetzen Tablets zunehmend Bücher. Lehrer sollen digitale Lernplattformen nutzen, die angeblich effizienter, moderner, zukunftsorientierter sind. Doch was geschieht dabei wirklich?

Die persönliche Beziehung zwischen Schüler und Lehrer wird geschwächt. Der Bildschirm ersetzt das Gespräch. Empathie, Spontaneität, pädagogisches Gespür werden zurückgedrängt von standardisierten digitalen Modulen, Punktesystemen, Rankings und Algorithmen.

Was so aussieht wie technischer Fortschritt ist in Wahrheit ein Verlust an Menschlichkeit. Denn Bildung ist mehr als nur Informationsvermittlung – sie ist Beziehung und Begegnung, sie ist Reibung und Persönlichkeitsentwicklung.

Diese kann kein Algorithmus ersetzen. Aber genau das wird zunehmend versucht. Noch beunruhigender ist, dass mit der Digitalisierung in der Bildung auch die Überwachung kommt. Lernverhalten wird analysiert, Nutzerprofile werden erstellt, Aufmerksamkeitsspannen gemessen, Reaktionszeiten ausgewertet.

Was wie eine harmlose Optimierung erscheint, ist der Beginn einer digitalen Sozialbewertung – subtil, aber allgegenwärtig. Kinder lernen von klein auf: Ich werde beobachtet. Ich werde bewertet. Ich werde verglichen.

Nicht mehr durch einen Lehrer, der mich kennt – sondern durch ein System, das mich scannt. Wer sich früh an solche Kontrolle gewöhnt, wird sie später nicht mehr hinterfragen.

Er wird sie akzeptieren und für Gerecht und normal halten. Und genau darin liegt die so große Gefahr. Die Digitalisierung wird nicht nur eingesetzt, um Wissen zu vermitteln.

Sie wird vielmehr dazu genutzt, um Verhalten zu formen und Konformität zu erzeugen. Um frühzeitig jene zu identifizieren, die abweichen – im Tempo, in der Meinung, im Stil. Es entsteht ein System der sanften Kontrolle. Ohne Zwang.

Aber mit Wirkung. Auch außerhalb der Schule setzen sich diese Mechanismen fort. In sozialen Netzwerken, auf Videoplattformen, in Messenger-Diensten werden Kinder und Jugendliche permanent getrackt, gerankt, manipuliert.

Welche Inhalte ihnen gezeigt werden, hängt nicht mehr von Interesse ab – sondern von Algorithmen, die auf Aufmerksamkeit und Anpassung programmiert sind.

Das freie Denken, die Vielfalt der Welt, die kritische Auseinandersetzung wird verdrängt von personalisierten Feeds und Trendvorgaben.

Dabei ist es nicht die Technik selbst, die böse ist. Sondern die Art, wie sie eingesetzt wird. Und wer sie kontrolliert. Die großen Konzerne und Plattformbetreiber verfügen über mehr Macht als so mancher Staat. Sie wissen, was wir denken, fühlen, konsumieren.

Sie entscheiden, welche Informationen wir sehen – und welche nicht. Sie schaffen Realitäten, die unsere Weltsicht formen. Und sie geben vor, was als „wahr" gilt. Wer das kritisiert, wird ausgeblendet, gelöscht, „gefactcheckt".

Die digitale Diktatur duldet keine Abweichung. Gleichzeitig werden unter dem Deckmantel der „Sicherheit" und „Hassbekämpfung" gesetzliche Grundlagen geschaffen, die Zensur legalisieren. In der EU, in Deutschland, weltweit. Was als Schutz gedacht ist, wird zur Kontrolle.

Was als Fortschritt verkauft wird, ist oft ein Rückschritt – ein Rückfall in ideologische Überwachung, diesmal nicht mit

Uniform, sondern mit Codezeile. Die größte Gefahr liegt darin, dass diese Entwicklung von vielen nicht einmal bemerkt wird.

Denn sie geschieht leise und bequem im Alltag. In all den Geräten, die uns begleiten, unterhalten und vermeintlich helfen. In Anwendungen, die scheinbar kostenlos sind – aber einen hohen Preis fordern: unsere Freiheit.

Deshalb braucht es jetzt ein klares Bewusstsein und einen Lauten Weckruf. Die nächste Generation muss wieder lernen, Technik zu hinterfragen.

Nicht als Feind, sondern als Werkzeug. Sie muss wissen: Ein Algorithmus ist kein neutrales Instrument – er ist Ausdruck einer Absicht und oft einer entsprecehden Agenda.

Die digitale Diktatur ist nicht unausweichlich. Aber sie wird Realität, wenn wir nicht schnellstens beginnen, die Kontrolle zurückzufordern. Über unsere Daten, über unsere Bildung, über unsere Gedanken und über uns selbst.

Die mehrheitliche Verweigerung der digitalin APP's und den vermeintlich so bequemen Zahlungen mit APP, Kreditkarte usw., der Social Media Kanäle und sonstigen manipulativen medialen Berieselungen kann sehr viel bewirken.

Kapitel 6

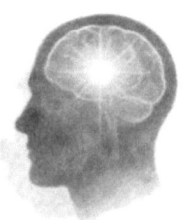

Werteverfall oder Wertewandel?

Was ist uns wichtig? Was soll Bestand haben? Was macht eine Gesellschaft menschlich, gerecht, lebenswürdig? Fragen wie diese erscheinen in der heutigen Zeit beinahe antiquiert – überholt von der Geschwindigkeit des Wandels, verdrängt vom Lärm der Gegenwart. Und doch sind sie zentral.

Denn ohne ein klares Wertesystem wird jede Gesellschaft früher oder später instabil. Und ohne Orientierung verliert auch der einzelne Mensch seine Richtung.

Wir befinden uns in einer Phase tiefgreifender kultureller Umbrüche. Werte, die jahrzehntelang als selbstverständlich galten – wie Familie, Ehrlichkeit, Anstand, Verantwortung, Gemeinschaft – werden zunehmend relativiert, umgedeutet oder gar verächtlich gemacht.

Gleichzeitig treten neue Werte in den Vordergrund, wie Selbstverwirklichung, Diversity, Klimagerechtigkeit, Digitalisierung, globale Solidarität.

Wir sollten die Frage stellen, erleben wir gerade einen natürlichen Wertewandel – oder ist es ein gesteuerter, gezielter Wandel? In vielen öffentlichen Debatten, besonders in Medien und Bildungsinstitutionen, wird suggeriert, dass „alte Werte" rückständig oder sogar gefährlich seien.

Wer auf traditionelle Familienstrukturen verweist, wird schnell als konservativ oder intolerant abgestempelt. Wer Disziplin und Leistung betont, gilt als autoritär. Wer nationale Identität betont, läuft Gefahr, als „rechts" diffamiert zu werden.

Dieser Wandel wird oft als Fortschritt und soagr als demokratisch verkauft – doch was, wenn er in Wahrheit ein Verlust, besser gesagt eine fette Lüge ist?

Ein Verlust an moralischem Fundament, an innerem Kompass, an zwischenmenschlicher Verlässlichkeit? Gerade junge Menschen leiden unter dieser Orientierungslosigkeit. Viele fühlen sich innerlich leer, emotional instabil, ständig auf der Suche nach Sinn – und finden ihn nicht mehr.

Das hat natürlich Gründe. Wenn Eltern, Lehrer, Medien, Politik und Gesellschaft keine klaren, glaubwürdigen Werte mehr vermitteln, entsteht ein Vakuum.

Und dieses Vakuum wird gefüllt – durch Ideologien, durch brutalen Gruppenzwang, durch digitale Identitäten, durch immensen Konsum oder künstliche Lebensstile. Aber Werte haben zwei Funktionen: Sie geben Halt – und sie stiften Gemeinschaft.

Doch in einer Zeit, in der alles relativiert wird, verlieren auch Werte ihre Kraft und Bedeutung. Wenn es keine objektiven Maßstäbe mehr gibt, sondern nur noch subjektive Sichtweisen, wird jede Form von Orientierung zur Meinungssache.

Was bleibt dann noch verbindlich? Was trägt uns, wenn es ernst wird? Der Mensch ist ein Wesen, das nach Sinn sucht. Wenn wir ihm keinen echten Sinn mehr bieten, wird er sich an Ersatzwerten orientieren. An äußeren Bildern, Trends, Dogmen.

Dabei braucht jeder Mensch – und insbesonders jede junge Seele – Vorbilder, echte Beziehungen, klare Prinzipien.

Die globale Elite, die zunehmend gesellschaftliche Narrative mitprägt, weiß das natürlich sehr genau. Und sie nutzt es. Durch geschickte Medienkampagnen, „kulturelle Aufklärungsprogramme" und internationale Agenda-Programme wird ein neues, global homogenes Wertesystem eingeführt – scheinbar tolerant, in Wirklichkeit jedoch zutiefst ideologisch.

Es geht nicht mehr um Vielfalt im eigentlichen Sinne, sondern um Vereinheitlichung unter dem Deckmantel der Vielfalt und Demokratie.

Der neue Mensch der Zukunft soll flexibel, genderlos, ortsunabhängig, leistungsfähig, klimaneutral, digital vernetzt und vor allem steuerbar sein. Alles Individuelle, alles Spirituelle, alles Verwurzelte soll hinter dem neuen Kollektiv-Ich verschwinden.

Doch in Wahrheit ist dies alles natürlich kein Fortschritt – es ist ein klarer Rückschritt und eine gefährliche Entmenschlichung. Vielleicht brauchen wir nicht weniger Werte – sondern wieder den Mut, sie zu leben. Mut zur Wahrhaftigkeit. Mut zur Verantwortung und zur Treue. Zum Maßhalten und zum Respekt gegenüber dem Leben und der Wahrheit.

Ein Wertewandel ist nicht per se schlecht. Kulturen verändern sich, Menschen entwickeln sich weiter. Doch ein Wandel ohne Bewusstsein, ohne Diskussion, ohne Grenzen – ist kein Fortschritt. Es ist ein Zerfall.

Wenn wir wollen, dass unsere Kinder in einer lebenswerten, menschlichen, freien Welt aufwachsen, müssen wir ihnen ein Fundament geben. Kein starres Regelwerk – aber einen inneren Kompass, welcher einen Sinn hat und der trägt. Es braucht dringend Werte, die sie durch das Chaos dieser Zeit führen können. In welche Richtung wird sich die Wagge neigen - echte menschlichen Werte (Herz) und materielle Orientierung (Geld)

Kapitel 7

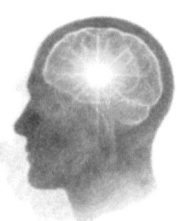

Die programmierte Gesellschaft: Wenn Meinung zur Pflicht wird

In einer freien Gesellschaft ist Meinungsvielfalt ein Grundpfeiler. Unterschiedliche Perspektiven, der offene Diskurs, das respektvolle Ringen um Wahrheit – all das sind Zeichen geistiger Gesundheit und lebendiger Demokratie.

Doch was geschieht, wenn Meinung nicht mehr frei ist? Wenn bestimmte Haltungen unausgesprochen erwartet, andere dagegen sanktioniert werden? Wenn aus gesellschaftlichem Konsens eine ideologische Pflicht wird?

Wir leben in einer Zeit, in der immer mehr Menschen das Gefühl haben, ihre Meinung nicht mehr frei äußern zu können.

Das betrifft nicht nur radikale Ansichten, sondern ganz alltägliche Überzeugungen: zu Genderfragen, zur Migration, zur Familienpolitik, zur Nation, zur Rolle von Männern und Frauen, zur Religion oder zur Geschichte.

Wer hier abweicht, riskiert nicht nur Widerspruch – sondern Ausschluss. Aus Debatten. Aus Karrieren. Aus dem sozialen Miteinander.

Diese Entwicklung geschieht nicht durch staatliche Zensur im klassischen Sinn, sondern durch soziale Steuerung. Wer „falsch" denkt, wird nicht bestraft – sondern ausgegrenzt.

Die Bestrafung ist nicht juristisch, sondern emotional, beruflich, sozial. Die Öffentlichkeit wird zur Bühne moralischer Bewertung. Und nur, wer applaudiert, darf bleiben. Wie konnte es so weit kommen?

Ein zentraler Faktor ist die Rolle der Medien. Sie prägen nicht nur, was wir wissen – sondern auch, was wir fühlen sollen. Sie liefern nicht nur Fakten – sondern Framing. Ein Ereignis, zehn Varianten.

Doch nur eine davon gilt als „richtig". Die anderen gelten als populistisch, verschwörerisch und radikal. So entsteht nicht Vielfalt, sondern Uniformität – unter dem Vorwand des Schutzes vor „Hass und Hetze".

Dazu kommen mächtige Plattformen im digitalen Raum. Was auf Twitter, YouTube, Facebook oder TikTok sichtbar ist, wird durch Algorithmen gefiltert.

Und diese Technik entscheidet, welche Inhalte verbreitet, verstärkt oder unterdrückt werden. Dabei folgen diese Systeme keiner demokratischen Logik – sondern ausschließlich Interessen wie Wirtschaftlichkeit, politischen, ideologischen Agenden.

Der öffentliche Raum wird zunehmend privat verwaltet – von global agierenden Konzernen mit eigenen Agenden.

Und genau darin liegt das Problem: Wenn Debatte nicht mehr öffentlich, sondern algorithmisch strukturiert ist, verlieren wir als Gesellschaft unsere demokratische Steuerungsfähigkeit.

Die Menschen sprechen nicht mehr miteinander – sie posten. Und das, was gesagt werden darf, wird von unsichtbaren Instanzen kontrolliert. Doch die Programmierung geht tiefer.

Sie beginnt in der Schule, setzt sich in Filmen, Serien, Werbung, Popkultur fort. Ein ganzes Weltbild wird vermittelt: Was richtig ist.

Was modern ist. Was „gut" ist. Und was nicht. Wer sich diesem Bild nicht fügt, wird als rückständig markiert, als intolerant, als Feind. Aus Erziehung wird Umerziehung.

Die Gesellschaft wird so nicht nur informiert – sie wird geformt. Meinungsbildung wird zur Meinungsvorgabe. Sprache wird normiert. Verhalten angepasst. Denken kanalisiert. Doch es gibt Hoffnung.

Denn der Mensch ist kein passives Wesen. Er kann sich entscheiden, anders zu denken. Er kann sich entziehen, reflektieren, Gegenöffentlichkeit schaffen. Er kann in der Wahrheit leben – auch dann, wenn sie unbequem ist. Die programmierte Gesellschaft lebt vom Mitmachen.

Doch sie endet dort, wo Menschen sich weigern, mitzumachen und mitzulaufen. Wo sie Fragen stellen. Wo sie sich nicht beugen. Wo sie sagen: „Ich denke selbst."

Diesen Mut braucht unsere Zeit.

Denn Freiheit beginnt immer im Kopf – und endet dort, wo wir aufhören, ihn selbst zu benutzen.

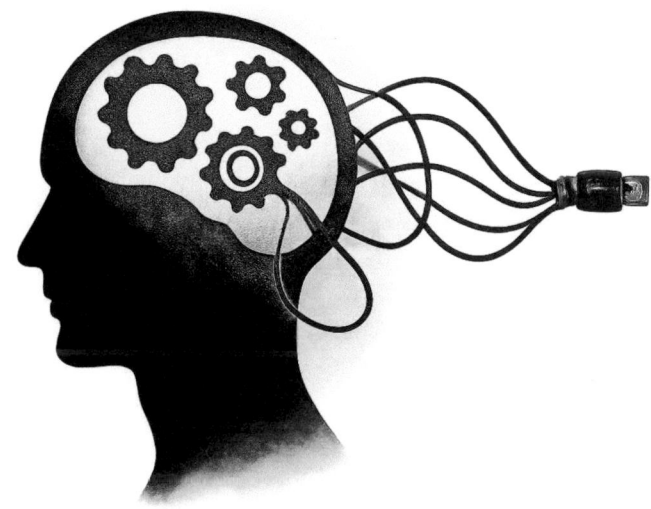

Kapitel 8

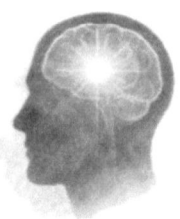

Der Angriff auf die Sprache

Sprache ist Macht. Wer sie kontrolliert, kontrolliert nicht nur Wörter – sondern Gedanken, Gefühle, Weltbilder. Sprache ist das Werkzeug des Verstehens, der Erkenntnis, der Beziehung. Sie verbindet uns mit anderen – und mit uns selbst.

Doch was geschieht, wenn Sprache nicht mehr Ausdruck der Wahrheit ist, sondern Instrument der Kontrolle?

In der heutigen Zeit erleben wir einen systematischen Angriff auf die Sprache. Es ist ein leiser, aber tiefgreifender Prozess: Wörter werden umgedeutet, Bedeutungen verschoben, Begriffe entwertet oder moralisch aufgeladen.

Nicht mehr die Realität bestimmt die Sprache – sondern die Sprache bestimmt, was als Realität gelten darf. Ein Beispiel: „Toleranz" bedeutete einst, andere Meinungen zu ertragen, auch wenn man sie nicht teilte. Heute bedeutet Toleranz oft, nur noch das zu akzeptieren, was in ein ideologisches Raster passt.

Wer abweicht, gilt nicht als Meinungsträger – sondern als Gefahr. Als „rechts", als „Feind", als „Problem". Oder das Wort „Vielfalt": Es wird gefeiert – aber nur, wenn sie den erwünschten Narrativen entspricht. Eine wirkliche Vielfalt, die auch kontroverse oder konservative Stimmen einschließt, wird nicht geduldet.

Stattdessen erleben wir Gleichschaltung unter dem Deckmantel der Diversität. Auch „Wissenschaft" ist betroffen. Sie galt einst als offene, sich entwickelnde Suche nach Wahrheit. Heute wird sie oft zur Autoritätsinstanz erhoben, deren Aussagen nicht hinterfragt werden dürfen.

Wer Zweifel äußert, wird einfach diffamiert und nicht wissenschaftlich widerlegt. Aus Wissenschaft wird Dogma. Hinzu kommt die sogenannte gendergerechte Sprache. Was mit dem Ziel begann, niemanden auszuschließen, hat sich zu einer Zwangsform entwickelt, die nicht mehr Klarheit schafft, sondern Verwirrung.

Sprache wird verkompliziert, verbogen und politisiert. Der Sinn wird zweitrangig – die Ideologie wird Hauptzweck. Diese sprachliche Transformation hat tiefgreifende Auswirkungen.

Denn wenn Begriffe nicht mehr das bezeichnen, was sie früher bezeichneten, wird Verständigung unmöglich. Wenn „Freiheit" bedeutet, das zu denken, was erlaubt ist, und „Demokratie" heißt, alles andere zu unterdrücken, dann ist die Sprache nicht mehr Werkzeug der Wahrheit – sondern deren Gegenspielerin. Solche Prozesse sind nicht neu. Schon in totalitären Systemen des 20. Jahrhunderts – ob kommunistisch oder faschistisch – wurde Sprache gezielt manipuliert, um Realität zu kontrollieren.

Orwell hat dies in seinem Werk „1984" brillant analysiert: „Neusprech" war die Sprache des Systems, reduziert auf wenige Begriffe, bereinigt von allem, was gefährlich war – gefährlich für die Macht.

Heute erleben wir eine moderne Variante davon. Kein offizielles Ministerium ändert die Wörter – es sind Medien, Bildungseinrichtungen, Aktivistennetzwerke, große Unternehmen.

Sie schaffen ein neues Sprech- und Denkklima, in dem das Sagbare immer enger wird. Doch damit verliert die Gesellschaft ihre Offenheit. Die Menschen verlieren ihre Ausdruckskraft. Und der Diskurs verliert seine Tiefe.

Wenn nur noch gesagt werden darf, was opportun ist, hört die Wahrheit auf, gesagt zu werden. Deshalb ist die Verteidigung der Sprache kein Nebenschauplatz – sie ist zentral.

Wir müssen die Bedeutung der Worte bewahren. Wir müssen Klarheit statt Vernebelung schaffen. Wir müssen wieder sagen dürfen, was ist – auch wenn es unbequem ist.

Denn nur in einer Sprache, die frei ist, kann auch der Mensch frei denken. Und nur ein freier Gedanke kann zu einer freien Gesellschaft führen.

Genau deshalb ist es so existenziell wichtig, das unsere Sparche, insbesondere die deutsche Sprache. Der deutsche Wortschatz ist vielfältig und umfasst so viele Wörter wie kaum eine andere

Sprache. Mit kaum einer anderen Sprache läßt es sich so detailiert und genau formulieren. Das gilt vor allem auch für das geschrieben Wort. Das ehemalige Land der Dichter und Denker ringt darum, seine Sprache nicht untergehen zu lassen.

Mit der Veränderung der Sprache und des alltäglichen Gebrauchs der Muttersprache, verändert sich sukzessive alles. Hier müssen wir rechtzeitig die Ketten sprengen und um unser sparchliches Kulturgut kämpfen.

Das geschiet am einfachsten, indem man es selbst jeden tag anwendet. Und zwar in seinem ursprünglichen, so einzigartigen Ursprung.

Kapitel 9

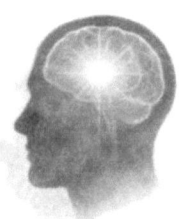

Der Verlust echter Bildung

Bildung ist weit mehr als das Vermitteln von Wissen. Sie ist die Befähigung zum Denken, zur Selbstreflexion, zur Unterscheidung zwischen Schein und Wirklichkeit. Echte Bildung bedeutet, dem Menschen einen inneren Kompass zu geben – nicht nur für seinen beruflichen Werdegang, sondern für sein Leben.

Doch gerade diese Form der Bildung geht uns verloren. Was heute vielerorts als Bildung verkauft wird, ist in Wahrheit häufig bloße Qualifizierung und das Trainieren von Kompetenzen, das Vermitteln von Prüfungswissen, und Einübung gesellschaftlich erwünschten Verhaltens.

Es geht um Leistungspunkte, Noten, Abschlüsse – aber nicht mehr um Erkenntnis, um Reifung, um Wahrheit. Die Schulen werden zunehmend zu Orten der Anpassung. Kreativität, Querdenken, kritisches Nachfragen werden nicht gefördert, sondern als störend empfunden. Lehrpläne sind überfrachtet, ideologisch gefärbt, geprägt von tagesaktuellen politischen Agenden. Schüler werden zu Konsumenten von Inhalten – nicht zu Suchenden.

Die Digitalisierung verschärft diese Entwicklung. Lernplattformen, Multiple-Choice-Systeme, automatisierte Bewertungen ersetzen immer öfter das persönliche Gespräch, das offene Nachdenken, das gemeinsame Forschen.

Pädagogen werden zu Lernbegleitern degradiert, deren Aufgabe es ist, vorgegebene meist ideologische Inhalte effizient durchzupeitschen.

Doch wahre Bildung braucht Zeit. Sie braucht Raum für Irrtum, für Zweifel, für Widerspruch. Sie braucht Lehrer, die nicht nur unterrichten, sondern begeistern. Sie braucht Schüler, die nicht nur funktionieren, sondern wachsen dürfen.

Der Verlust echter Bildung hat weitreichende Folgen. Eine Generation, die nicht mehr lernt, wie man denkt, sondern nur, was man denkt, ist leicht lenkbar.

Sie ist anfällig für ideologische Manipulation, für Gruppendruck, für jede Form von Steuerung durch Sprache, Medien, Technik.

Gerade in Zeiten globaler Transformationen, in denen Informationen im Überfluss vorhanden sind, ist die Fähigkeit zur Unterscheidung essenziell.

Und genau diese Fähigkeit geht verloren, wenn Bildung zur Plattform von Agenden wird. Es ist kein Zufall, dass klassische Bildungsideale – wie Logik, Rhetorik, Ethik, Literatur,

Geschichte, Philosophie – immer weiter aus den Curricula verdrängt werden.

Denn wer sich mit den großen Fragen der Menschheit auseinandersetzt, wird frei. Wer erkennt, dass Wahrheit nicht beliebig ist, wird unbequem.

Und wer weiß, dass eigene Verantwortung vor Freiheit kommt, wird nicht manipulierbar.

Deshalb braucht unsere Gesellschaft nicht weniger Bildung – sondern wieder echte Bildung.

Das bedeutet, eine Bildung, die dem Menschen zutraut, ein denkendes Wesen zu sein. Eine Bildung, die nicht formt, sondern entfaltet. Eine Bildung, die nicht steuert, sondern die jungen Menschen befähigt. Vielleicht sollten wir mal endlich zurückkehren zu den Wurzeln.

Und zwar zu Büchern und zu Gesprächen. Zurückkehren zu Stille und zu den Fragen, die keine einfache Antwort haben.

Dann wird aus Schule wieder ein Ort des Wachsens werden und aus Menschen wieder Persönlichkeiten.

Kapitel 10

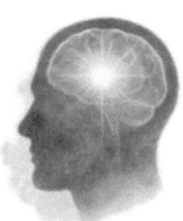

Die seelische Krise der jungen Generation

Die jungen Menschen unserer Zeit wachsen in einer Welt auf, die äußerlich voller Möglichkeiten scheint – und doch innerlich immer leerer und sinnloser wird. Noch nie zuvor hatten Jugendliche so viel Zugang zu Informationen, Unterhaltung, Bildung, Mobilität.

Und doch war die psychische Belastung noch nie so groß. Angststörungen, Depressionen, Burn-out-Symptome, Einsamkeit, Selbstzweifel – all das nimmt in den letzten Jahren rasant zu. Nicht zuletzt durch die Corona Inszenierungen und den Lockdowns usw.

Immer mehr junge Menschen berichten von innerer Leere, Orientierungslosigkeit, inneren Zweifeln, fehlendem Sinn.

Sie spüren, dass etwas nicht stimmt – aber sie finden keine Sprache dafür. Ihre Seelen leiden in einer Welt, die sie permanent stimuliert, aber kaum noch berührt.

Die Ursachen dafür sind vielschichtig. Ein zentrales Problem ist die permanente Überforderung. Die junge Generation lebt in einem Dauerfeuer aus Eindrücken, neuen Anforderungen, unfairen Vergleichen, überflutenden Reizen. Alles ist extrem schnell, sehr und sichtbar. Die sozialen Netzwerke suggerieren, dass das Leben ständig perfekt, aufregend und erfolgreich sein muss. Wer nicht mit dabei ist, ist ein Looser.

Wer also nicht mithält, fühlt sich wertlos. Gleichzeitig fehlt vielen Jugendlichen ein stabiles Fundament, weil immer mehr die Familienstrukturen wegbröckeln. Wichtige Rituale gehen verloren. Die Schule gibt kaum noch Halt. Die Gesellschaft ist von Unsicherheit geprägt – wirtschaftlich, kulturell, politisch. Und selbst die Erwachsenen sind auch sehr oft überfordert und ratlos, weil selbst bereits Opfer der Entwicklungen.

Hinzu kommt, dass der ständige Bezug zur digitalen Welt echte Bindungen zu ersetzen scheint. Likes und Follower simulieren Anerkennung, ersetzen aber keine echte Beziehung. Statt tiefgehender Gespräche entstehen Kommunikationsmuster aus Emojis, Memes und kurzen Kommentaren.

Die Seele aber braucht echte Tiefe. Diese seelische Krise ist kein individuelles Versagen – sie ist ein kollektiver Ausdruck einer Gesellschaft, die den Menschen zunehmend auf Leistung, Funktion und Anpassung reduziert.

In einer Welt, in der es wichtiger scheint, wen man darstellt, als wer man wirklich ist. Dadurch verlieren viele Jugendliche den Zugang zu ihrem eigenen Innersten. Dabei wäre gerade die

Jugendzeit eine Phase, in der es doch genau darum geht, sich selbst zu finden.

Zu fragen: Wer bin ich eigentlich und wozu bin ich hier? Was will ich geben, wie will ich leben oder was will ich erschaffen? Doch diese Fragen werden heute zugedeckt von Konsum, Konformität und digitaler Ablenkung.

Was junge Menschen brauchen, ist nicht noch mehr Technik, noch mehr Tempo, noch mehr Effizienz. Sie brauchen Halt. Wahrhaftes Vertrauen und echte Vorbilder. Sie benötigen Orientierung, die nicht dogmatisch ist – aber ehrlich. Sie brauchen Räume, in denen sie Fehler machen dürfen, sich ausprobieren und wachsen dürfen. Und vor allem: Sie brauchen Erwachsene, die ihnen wirklich zuhören.

Die seelische Krise der jungen Generation ist ein Weckruf. Sie zeigt uns, dass wir nicht nur wirtschaftlich, ökologisch oder technologisch neu denken müssen – sondern auch vor allem menschlich. Es geht um Empathie, es geht um Sinn und natürlich um Wahrheit.

Es geht um die Rückkehr zu dem, was den Menschen wirklich trägt. Denn nur eine Generation, die innerlich gesund ist, kann die Welt wirklich verändern. Und nur eine Gesellschaft, die ihre Kinder ernst nimmt, hat eine Zukunft.

Wir müssen helfen, unsere Kinder wieder die die Basics zu vermitteln. Dabei sollen Sie nicht auf fortschreitende Technik verzichten. Aber sie sollten dabei unbedingt lernen, zu differenzieren und zu hinterfragen, ob und wie es Ihnen möglicherweisen auch Schaden kann, wenn sie völlig passiv nur konsumieren.

Wenn unsere Kinder nur wieder ein wenig lernen, was die wesentlichen Dinge des eigenen Lebens sind, welche grundlegenden Dinge dem eigenen Leben einen echten Sinn verleihen und was Ihnen einen echten Mehrwert gibt, dann haben sie die Chance, sich wieder auf die Wesentlichen Dinge ihres Seins und ihrer eigenen Persönlichkeit zu fokussieren.

Kapitel 11

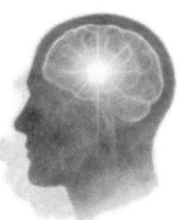

Die Illusion des Fortschritts

Fortschritt – kaum ein Begriff ist so positiv besetzt, so tief in unserem Denken verwurzelt wie dieser. Fortschritt steht für Entwicklung, für Verbesserung, für Zukunft. Er suggeriert, dass alles, was neu ist, automatisch besser ist.

Dass der Weg nach vorn immer ein Aufstieg ist. Doch was, wenn das nicht stimmt?

Unsere Gesellschaft hat sich der Idee verschrieben, dass technologische Innovation, wirtschaftliches Wachstum und soziale Veränderungen per se gut sind. Doch allzu oft übersehen wir, dass Fortschritt nur dann wirklich wertvoll ist, wenn er dem Menschen dient – nicht wenn er ihn ersetzt, überrollt oder entmündigt.

Wir erleben heute eine Welt, in der Fortschritt häufig bedeutet: mehr Kontrolle, mehr Überwachung, mehr Entfremdung. Digitale Systeme, die uns angeblich verbinden, machen uns einsam. Medizinische Eingriffe, die Krankheiten heilen sollen, erzeugen neue Abhängigkeiten. Nachhaltigkeit wird zur Marketingstrategie, während die natürlichen Lebensgrundlagen weiter zerstört werden.

Der Glaube an den Fortschritt hat schon fast religiöse Züge angenommen. Wer ihn infrage stellt, gilt als rückständig, als Bremser, als Feind der Moderne. Doch Fortschritt ohne Ethik ist nicht Entwicklung – sondern Ausverkauf. Fortschritt ohne Maß ist nicht Aufbruch – sondern Exzess.

Wir ersetzen Menschen durch Maschinen, Nähe durch Technik, Intuition durch Algorithmen. Alles wird smarter – aber nicht weiser. Wir messen, zählen, analysieren – aber wir verstehen nicht mehr.

Der Mensch wird zur Zahl, zur Ressource, zur Variablen im System. Ist das Fortschritt? Ein Fortschritt, der den Menschen selbst zurücklässt, ist keiner. Ein Fortschritt, der Beziehungen zerstört, statt sie zu stärken, ist ein Rückschritt.

Und ein Fortschritt, der sich nicht an Werten orientiert, ist eine gefährliche Täuschung. Die Geschichte zeigt: Nicht jede Innovation ist ein Segen. Nicht jede Entwicklung führt zu mehr Menschlichkeit.

Die größten Verbrechen des 20. Jahrhunderts wurden oft im Namen des Fortschritts begangen – durch Technik, durch Organisation, durch Ideologie.

Der Fortschritt hat jedoch zwei Gesichter. Deshalb braucht unsere Zeit eine neue Definition von Fortschritt. Einen, der nicht nur fragt, was möglich ist – sondern vor allem was sinnvoll ist. Einen, der nicht nur schneller, sondern tiefer denkt. Einen, der nicht die Technik und die Ideologie ins Zentrum stellt, sondern zu allererst den Menschen. Mit seiner Seele, seinem Gewissen und seiner Würde.

Denn wahrer Fortschritt misst sich nicht an Effizienz, Tempo oder Datenmenge – sondern an Freiheit, Wahrheit und Mitgefühl.

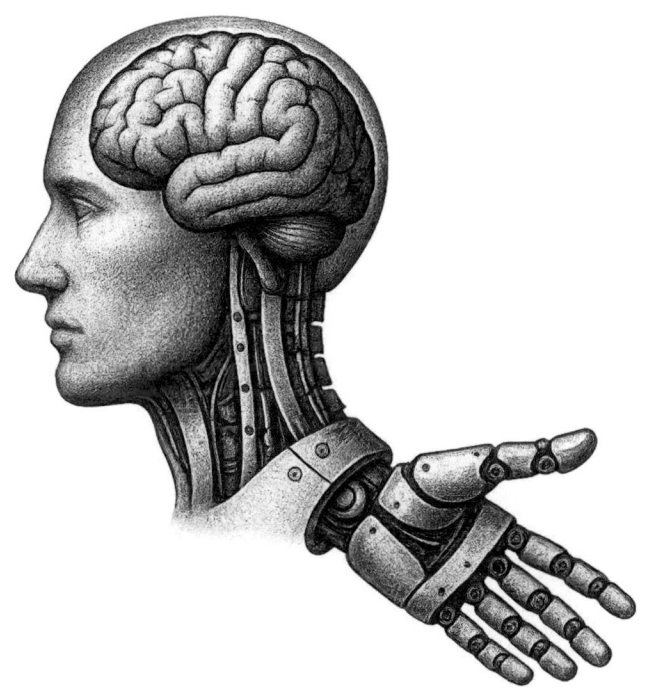

Kapitel 12

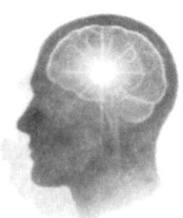

Angst als Herrschaftsinstrument

Angst frisst die Seele auf. Angst macht klein, blind und atemlos. Angst ist das stärkste und agressivste Mittel um Menschen zu lenken und zu manipulieren. Angst bringt Unordnung in das "Seelenhaus", in den psychischen Raum, in dem Menschen wohnen. Auswege und Türen werden verschlossen, Irrwege und Sackgassen stehen offen, lange dunkle Gänge, die immer tiefer in Unsicherheit, Verstrickungen und Einsamkeit führen.

Mit Angst wurde und wird noch immer die Masse der Menschheit stets dahin geführt, wo man sie haben will. Darauf ist das gesamte System aufgebaut. Ob es die Pharmaindustrie mit ihren heutzutage über die mitfinanzierten Universitäten direkt ausgebildeten Ärzten sind, die vielfach nur noch als besser ausgebildete Pharmareferenten auf die Patienten losgehen und für jede vermeintliche Krankheit gleich mehrere Medikamente parat hat.

Geradezu ein Paradebeispiel für die Angstverbreitung, sogar weltweit, war die Corona Plandemie, die über die WHO alle Regierungschefs der Mitgliedsstaaten wortgleich die tödliche Corona Pandemie ausrufen ließ. Mit totaler medialer Unterstützung konnten auf diese Weise, auf der ganzen Welt Milliarden Menschen ihrer Grundrechte beraubt werden.

Es wurde propagiert, die so genannte Impfung sei für jeden auf der Welt die einzige Rettung. Wer das nicht mitmachte wurde geächtet, ausgestoßen und vielfach sogar verfolgt. Es wurde mit Impflicht gedroht. Milliarden Menschen sind diesen Lügen gefolgt, Millionen sind an den Folgen der Spritzen bereits gestorben. Viele weitere Millionen Menschen leben mit einem zerstörten Immunsystem und leiden unter permanenten Erkrankungen.

Die Übersterblichkeit ist seit Jahren deutlich gestiegen. Auch wenn es weitestgehend weiter geleugnet wird, liegen die Zahlen und kausalen Zusammenhänge mit den "Impfungen" klar auf der Hand.

Im Pharmabereich lassen sich unzählige Beispiele anführen, mit denen dort tagtäglich gearbeitet wird und so für immer mehr Abonnenten für Medikamente gesorgt wird. Die wirtschaftlich besten Bereiche sind für milliardenschwere Umsätze sind Krebs, Bluthochdruck, Cholesterin, Adipositas, Diabetes oder Schilddrüsenerkrankungen.

Hinzu kommen täglich Millionen von völlig unnötigen Operationen, die den zumeist staatlichen Krankenhäusern enorme Einnahmen bringen.

Ebenfalls zu erwähnen ist die Finanzindustrie, die mit apokalyptischen Angst machenden Szenarien ihre Produkte verkauft. Jeder Bänker oder Versicherungsvertreter arbeitet im Verkauf mit der Angst gegenüber seinen Kunden, um die zumeist unnützen und wenig profitablen Produkte zu verkaufen. Was ist, wenn das und das oder das passiert?

Dann kommt das passende Produkt und die inszenierte Angst wird dem Kunden scheinbar genommen. Eine doch eher sehr perfide Vorgehensweise.

Ein ebenfalls andauerndes Thema ist der Klimawandel, den es ja unbedingt zu bekämpfen gilt. Denn sonst geht die Welt unter… Angst und Panik wird so bei den Menschen ausgelöst. Aber das ist absoluter Schwachsinn und dient ebenfalls nur den immer gleichen Mechanismen. Einschränkungen der Freiheit und totale Kontrolle der Menschen.

So wird Angst als das Mittel der Wahl für alles verwendet, was dazu führen soll, die Menschen etwas tun zu lassen, was sie ansonsten sehr wahrscheinlich nicht machen würden.

Angst war schon immer ein mächtiges Werkzeug der Macht. Wer Angst schürt, kontrolliert das Verhalten. Wer Angst verstärkt, erzeugt damit direkte Abhängigkeit. Und wer Angst institutionalisiert, schafft sich eine Gesellschaft, die gehorcht – nicht, weil sie überzeugt ist, sondern weil sie massiv eingeschüchtert ist. In modernen Demokratien geschieht dies nicht mehr mit sichtbarer Gewalt.

Denn die Instrumente sind sehr viel subtiler geworden, durch Medienbilder, über Warnsysteme, durch Expertengremien und mit Alarmrhetorik. Wir leben in einer Welt der ständigen Bedrohung – Klimakrise, Pandemien, Energieengpässe, Kriegsgefahr, Terror, Cyberattacken usw..

Die Angst hat also sehr viele Namen – und sie kennt kein Ende. Dabei geht es nicht darum, reale Gefahren zu leugnen. Sondern darum, wie sie genutzt werden. Die permanente Alarmbereitschaft versetzt ganze Bevölkerungen in einen Zustand latenter Unsicherheit.

Und ein unsicherer Mensch ist natürlich sehr leicht lenkbar. Er sucht Schutz und Orientierung. Er sehnt sich plötzlich nach Führung und Schutz. Und er akzeptiert auf diese Weise erhebliche Einschränkungen seiner Freiheit, die er in ruhigen Zeiten niemals hinnehmen würde.

Angst erzeugt also Konformität. Wer Angst hat, stellt keine Fragen. Er folgt und er schweigt. Er macht dann alles mit. Angst zerstört den offenen Diskurs, weil sie das emotionale Klima vergiftet.

Wer widerspricht, wird nicht widerlegt – sondern moralisch verurteilt als Gefährder, als Leugner oder als Extremist. Die Sprache der Angst kennt keine Grautöne. Sie ist binär: entweder mit uns – oder gegen uns.

Besonders gefährlich ist es, wenn die Angst pädagogisch eingebettet wird. Wenn schon Kinder lernen, dass die Welt gefährlich, der Mensch zerstörerisch und das eigene Verhalten potenziell schädlich ist.

Aus erzieherischer Verantwortung wird emotionale Manipulation. Der junge Mensch wächst nicht in Freiheit – sondern in Schuld auf. Und hinzu kommt, dass die Angst oft selektiv vermittelt wird.

Nicht alles, was bedrohlich ist, wird thematisiert. Manche Gefahren werden überhöht, andere bagatellisiert oder ignoriert – je nach ideologisch politischer oder medialer Agenda.

Angst wird zur Währung, mit der Aufmerksamkeit und Zustimmung gekauft werden. Wer die Angst steuert, steuert die Gesellschaft.

Doch Angst ist kein Dauerzustand, den eine gesunde Seele aufrechterhalten kann. Sie führt zu Erschöpfung, zu Ohnmacht und dann zum Rückzug – oder zu Aggression. Eine ängstliche Gesellschaft verliert ihre Lebensfreude, ihre Offenheit, ihre Kreativität. Sie duckt sich nur noch weg.

Sie lebt im Modus der Verteidigung – nicht der Gestaltung. Deshalb ist es eine politische, aber auch eine geistige Aufgabe, der Angst zu widerstehen.

Nicht durch Verdrängung – sondern durch Erkenntnis. Indem wir lernen, zwischen echter Gefahr und künstlicher Panikmache zu unterscheiden.

Indem wir uns ganz einfach immer wieder fragen, wem dient denn eigentlich diese Angst, die verbreitet wird? Auf welche Weise wird sie erzeugt und was macht sie mit uns?

Freiheit beginnt dort, wo der Mensch sich von seiner Angst nicht mehr bestimmen lässt. Und eine freie Gesellschaft beginnt dort, wo die Wahrheit wichtiger ist als das gute Gefühl der Sicherheit.

Sich von der Angst zu befreien ist ganz sicher nicht Leicht. Jedoch ist ein Leben in permanenter Angst auch absolut kein lebenswertes Leben.

So gilt es also, sich von den Krallen des Angst machenden Systems zu befreien. Das gelingt nur durch das in Frage stellen von Behauptungen, die einem Angst machen. Durch kritisches Hinterfragen von vermeintlichen Fakten.

Kapitel 13

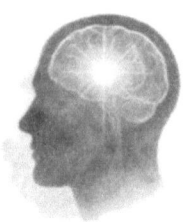

Die globale Agenda

Viele Entwicklungen, die uns heute als isolierte Einzelphänomene erscheinen – wie Klima-Aktivismus, digitale Transformation, Migrationsströme, Gesundheitskampagnen, Bildungsreformen – sind in Wahrheit Teile eines größeren Puzzles: einer globalen Agenda.

Sie ist nicht verschwörerisch im klassischen Sinn, sondern strategisch, langfristig und gut vernetzt. Und sie folgt einem klaren Ziel: die Transformation der Welt in eine zentral gesteuerte Ordnung.

Diese Agenda wird nicht von einer einzigen Regierung gelenkt. Vielmehr wirkt ein Zusammenspiel aus supranationalen Organisationen, mächtigen Stiftungen, globalen Konzernen, Netzwerken aus Politik, Medien, Wissenschaft und Finanzwesen. Namen wie die UNO, WHO, WEF, UNESCO, GAVI, BlackRock oder die Gates-Stiftung tauchen in fast allen Bereichen auf – von der Landwirtschaft bis zur Bildung, von der

Gesundheit bis zur Digitalisierung. Offiziell sprechen diese Akteure von nachhaltiger Entwicklung, globaler Solidarität, Gesundheitsversorgung, Resilienz und Inklusion.

Doch hinter den wohlklingenden Begriffen verbergen sich oft Strategien zur Vereinheitlichung von Normen, von Verhaltensweisen und Denkweisen. Nationale Eigenständigkeit oder kulturelle Identität, freie Wissenschaft oder demokratische Souveränität werden Schritt für Schritt relativiert – zugunsten eines „großen Ganzen", dessen Regeln nicht mehr lokal verhandelt werden.

Ein zentrales Element dieser Agenda ist das Konzept der „Public Private Partnerships": Staaten geben Verantwortung an Konzerne ab, die wiederum gemeinsam mit globalen Institutionen neue Standards setzen – in Impfprogrammen, Bildungssoftware, Umweltzielen oder digitalen Identitäten.

Was früher demokratisch legitimiert war, geschieht heute durch internationale Absprachen – jenseits öffentlicher Kontrolle. Dazu kommt die Macht der Daten.

Digitale Infrastruktur, Cloudsysteme, kunstliche Intelligenz – sie alle ermöglichen eine noch nie dagewesene Steuerung menschlichen Verhaltens.

In einer Welt, in der fast jeder Klick registriert wird, sind Menschen berechenbar – und damit manipulierbar.

Die digitale Überwachung ist nicht mehr Science Fiction, sondern Realität. Hinzu kommt eine gezielte mediale Rahmung. Themen, die im Sinne der globalen Agenda stehen, werden verstärkt. Kritische Stimmen dagegen werden ausgegrenzt, diskreditiert oder ignoriert. Die Erzählung wird weltweit synchronisiert – durch identische Sprachmuster, Visualisierungen, Botschaften.

Wer heute Nachrichten in verschiedenen Ländern vergleicht, stellt oft fest: Die Inhalte gleichen sich mehr als je zuvor.

Diese Entwicklung wäre weniger problematisch, wenn sie transparent, diskutierbar und freiwillig wäre. Doch das Gegenteil ist der Fall. Kritik an der globalen Agenda wird schnell mit Etiketten wie „Verschwörungstheorie", „rechtsextrem", „wissenschaftsfeindlich" oder „unsolidarisch" versehen.

So entsteht ein Meinungsklima, in dem nur Zustimmung als legitim gilt. Es ist wichtig, nicht in Angst oder Abwehr zu verfallen – sondern in Wachheit.

Die globale Agenda ist nicht allmächtig. Aber sie wirkt. Und wer ihre Mechanismen versteht, kann sich ihr entziehen, Alternativen entwickeln, neue Wege gehen.

Denn die Zukunft der Menschheit darf nicht in den Händen einiger weniger Player liegen, die die Welt Menschheit als Puppenspieler lenkt und kontrolliert.

Die Zukunft muss in den Herzen und Köpfen freier Menschen liegen, die bereit sind, Verantwortung für sich und andere zu übernehmen.

Kapitel 14

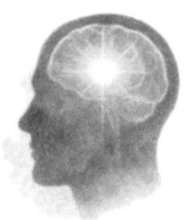

Der Umbau der Gesellschaft von oben

Veränderungen gehören zum Wesen jeder Gesellschaft. Kulturen entwickeln sich weiter, Werte verschieben sich, Technologien bringen Neues hervor. Doch was wir derzeit erleben, ist kein natürlicher Wandel – es ist ein Umbau. Und er kommt nicht von unten, sondern wird von oben organisiert.

Dieser Umbau betrifft ganz zentrale Lebensbereiche, wie die Familie, die Arbeit, die Bildung, die Religion, die Sprache, die Ernährung, die Geschlechterrollen und die Mobilität. Absolut gar nichts bleibt unberührt.

Es entsteht der Eindruck, als solle das gesamte Gefüge der Gesellschaft neu formatiert werden – nach einer Vision, die in politischen Hinterzimmern, Think-Tanks und supranationalen Foren entworfen wurde.

Offiziell heißt es: Wir müssen modernisieren, digitalisieren, nachhaltig und inklusiv werden. Doch in Wirklichkeit geht es oft nicht um Verbesserung, sondern um Kontrolle. Alte Strukturen werden diskreditiert, neue Normen verordnet.

Der Mensch wird zum Objekt gesellschaftlicher Neugestaltung – nicht mehr als Bürger mit Rechten, sondern als Funktionseinheit im großen Transformationsplan.

Ein Beispiel ist die Familie. Jahrzehntelang war sie der Ort von Bindung, Verantwortung, generationsübergreifender Fürsorge. Heute wird sie zunehmend als rückständig und sogar als rechts dargestellt.

Alternative, ideologisch geprägte Lebensformen werden gefördert, propagiert und teilweise eingefordert, traditionelle Modelle subtil delegitimiert.

Das Ziel scheint klar: Auflösung stabiler, autonomer Gemeinschaften zugunsten vereinzelter, steuerbarer Individuen. Auch im Arbeitsleben zeigt sich der Umbau.

Der klassische Beruf mit Identifikation, Stabilität und sozialem Wert wird ersetzt durch Projektarbeit, Plattformwirtschaft, globale Konkurrenz.

Der Mensch wird flexibel, ortsunabhängig, jederzeit verfügbar – aber auch austauschbar, entwurzelt, erschöpft. Das Ideal ist nicht mehr der gereifte Charakter – sondern der optimierte, algorithmisch angepasste „Human Resource".

Im Bildungswesen wird nicht mehr primär Wissen vermittelt, sondern Haltung. Politische Agenda ersetzt neutrale Bildung. Schüler sollen nicht mehr lernen, wie man denkt – sondern was man zu denken hat. Eigenständigkeit wird durch Konformität ersetzt, Tiefe durch Geschwindigkeit, Vielfalt durch ideologische Einseitigkeit.

Auch spirituelle und religiöse Traditionen stehen unter Druck. Was früher Orientierung, Trost, Demut oder Gemeinschaft bedeutete, gilt heute schnell als irrational, rückständig, gefährlich.

Der Umbau will keinen Glauben – sondern Kontrolle über das Deuten von Sinn.

Dieser Prozess wird nicht offen debattiert – er geschieht still, aber wirksam. Durch Sprache, Medienbilder, Gesetzesänderungen, Bildungsinhalte und wirtschaftlichen Anreizen.

Wer widerspricht, wird nicht argumentativ widerlegt – sondern moralisch diffamiert. Der Umbau duldet keinen Widerstand. Doch Gesellschaft ist kein Labor.

Der Mensch ist kein Projekt. Eine gesunde Ordnung entsteht nicht durch Top-down-Planung, sondern durch organisches Wachstum. Was fehlt, ist der Dialog. Die Besinnung auf Grundfragen: Was trägt eine Gesellschaft wirklich? Was macht sie lebenswert, gerecht, menschlich?

Wenn der Umbau nur von oben kommt, wird er scheitern. Denn eine Gesellschaft lebt von unten – von Familien, Nachbarschaften, Vereinen, Schulen, Freundschaften, Überzeugungen, Initiativen.

Dort, wo echte Bindung, echte Verantwortung und echtes Denken stattfindet, ist Veränderung möglich – ohne

Entmenschlichung. Deshalb brauchen wir keinen Bruch mit der Vergangenheit – sondern ihre kluge Weiterentwicklung.

Keine Planwirtschaft für den Menschen – sondern Räume für Freiheit, Verantwortung und echte Gemeinschaft. Jeder von uns kann dem Umbau von oben mit seiner persönlichen Verweigerung von vielen vermeintlichen Vorgaben und Anordnungen stoppen. Denn wenn keiner mitmacht, kann der geplante Umbau nicht erfolgen

Kapitel 15

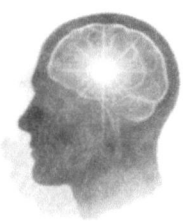

Die neue Normalität

Seit Frühjahr 2020, mit Beginn der Corona Plandemie begegnet uns ein Begriff immer häufiger: „die neue Normalität". Dahinter steckt ein wesentlicher Teil des Angriffs auf unsere Zukunft. Politiker auf der ganzen Welt verkündeten "die neue Normalität". Man kann es auch anders ausdrücken;

Was auf den ersten Blick wie eine neutrale Beschreibung wirkt, ist in Wahrheit ein machtvoller sprachlicher Rahmen.

Denn wer definiert, was normal ist, bestimmt, was denkbar, sagbar und lebbar bleibt. „Neue Normalität" meint nicht nur veränderte Alltagsgewohnheiten – wie Ausgangssperren, Homeoffice, Maskenpflicht oder Abstandsregeln.

Es geht um viel mehr. Es geht um das Bild vom Menschen, das uns vermittelt wird. Es geht um die Frage: Was gilt künftig als gesund, als sozial, als richtig, als erlaubt? Und wer entscheidet das?

Immer öfter wird „Normalität" neu programmiert.

Was gestern noch als selbstverständlich galt, ist heute verdächtig. Was über Jahrhunderte gewachsen ist, wird binnen weniger Jahre verworfen. Begriffe wie Nähe, Freiheit, Wahrheit oder, Identität werden einfach umgedeutet – und wer daran festhält, gilt als verdächtig, altmodisch oder sogar gefährlich.

Die so genannte neue Normalität duldet kein Zögern. Sie will Zustimmung, sofortige Anpassung und Effizienz. Sie ist nicht das Ergebnis eines offenen gesellschaftlichen Diskurses, sondern das Produkt medialer Dauerbotschaften, politischer Kampagnen, globaler Steuerung. Ihre Sprache ist glatt, ihre Bilder professionell, ihre Werte nicht diskutierbar. Und sie ist flüchtig.

Denn was heute als neue Norm etabliert wird, kann morgen schon veraltet sein. In einem System permanenter Transformation wird Stabilität verdächtig, Beständigkeit problematisch.

Der Mensch soll flexibel bleiben – nicht in seiner Persönlichkeit, sondern in seiner Loyalität gegenüber wechselnden Narrativen.

Doch was bedeutet das für den Einzelnen? Viele Menschen erleben ein leises Unbehagen. Sie spüren, dass sich etwas Grundlegendes verschiebt. Dass sie innerlich nicht mehr mitkommen. Dass etwas fehlt: Verlässlichkeit, Verwurzelung, Wahrheit. Sie suchen Halt – und finden oft nur neue Gebote, neue Pflichten, neue Filterblasen.

Die neue Normalität fordert: Vertrau den Experten. Folge den Empfehlungen. Hinterfrage nicht zu viel. Mach mit.

Doch was, wenn Vertrauen nicht verdient ist? Was, wenn die Empfehlung keine Einladung, sondern ein Befehl ist?

Was, wenn die neue Normalität eine Abschaffung des alten Menschseins bedeutet?

Gerade in Zeiten tiefgreifender Umbrüche ist es entscheidend, sich zu fragen: Wer will, dass ich mich verändere – und warum? Welche Werte behalte ich – auch gegen den Strom? Was bedeutet für mich Menschlichkeit, Wahrheit, Freiheit?

Denn nicht alles, was neu ist, ist besser. Und nicht alles, was als „normal" deklariert wird, ist auch richtig. Der Mensch ist kein Experiment. Seine Würde ist unantastbar – nicht nur in Verfassungen, sondern im Herzen einer jeden echten Gesellschaft.

Deshalb braucht es heute mehr denn je Menschen, die nicht blind in die neue Normalität stolpern, sondern die mit offenen Augen, mit wachem Verstand und mit innerer Klarheit ihren Weg gehen.

Nicht angepasst, sondern aufrecht. Nicht ängstlich, sondern wahrhaftig. Nicht maskiert und geduckt, sondern frei und mutig

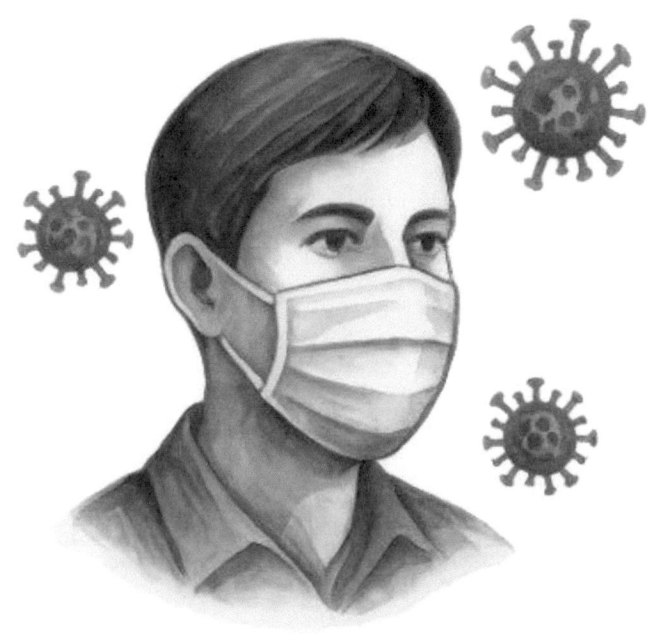

Kapitel 16

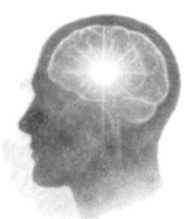

Die stille Revolution

Es ist keine Revolution mit Plakaten, Fackeln oder Parolen. Kein Aufbegehren auf den Straßen, keine Slogans, keine Barrikaden. Und doch verändert sie alles – langsam, lautlos, unsichtbar für viele. Die stille Revolution, die sich vor unseren Augen vollzieht, wirkt nicht durch Gewalt, sondern durch Gewöhnung.

Sie braucht keine Panzer – nur Narrative. Keine Diktatoren – nur Algorithmen. Keine Zensur – nur soziale Erwünschtheit. In dieser Revolution wird nicht zerstört, sondern umgebaut. Nicht durch Dekret, sondern durch Beeinflussung.

Sprache wird umgedeutet, Normen werden verschoben, Realitäten werden konstruiert. So werden Schritt für Schritt vertraute Fundamente des gesellschaftlichen Miteinanders ersetzt – durch neue Standards, durch neue Denkweisen und neue „Wahrheiten".

Wer sich nicht anpasst, gilt nicht als Gegner, sondern als veraltet. Nicht als Feind, sondern als rückständig. Die Rebellion wird nicht bekämpft – sie wird lächerlich gemacht, ausgelöscht durch Ignoranz.

Es ist eine Revolution, die das Denken selbst betrifft. Nicht, indem sie uns sagt, was wir zu glauben haben – sondern, indem sie uns verlernen lässt, zu fragen.

Unsere Urteilskraft wird nicht attackiert – sie wird zerstreut. In einer Welt, in der jede Minute mit Reizen gefüllt ist, bleibt kein Raum mehr für Tiefe. Und wo keine Tiefe ist, da entsteht kein Widerstand.

Diese Revolution lebt von der Selbstzensur. Von der Angst, nicht dazuzugehören. Vom Wunsch, als „informiert", „modern", „solidarisch" zu gelten. Wer sich selbst ständig beobachtet, kontrolliert sich besser, als es jede äußere Instanz je könnte.

Die neue Macht ist nicht repressiv – sie ist suggestiv. Sie verführt, nicht zwingt. Sie lullt ein, statt zu erschrecken. Und weil sie so sanft ist, so unsichtbar, bleibt sie kaum je Thema.

Die meisten Menschen fühlen, dass etwas nicht stimmt – doch sie finden keine Worte dafür. Sie spüren das Vakuum, das Leise, das Unausgesprochene.

Doch weil alles um sie herum weiterläuft, schneller, effizienter, smarter, glauben sie, das Problem läge bei ihnen. Doch diese stille Revolution ist real. Und sie verändert unsere Gesellschaft, unsere Beziehungen, unsere Seele.

Sie macht aus Bürgern Nutzer, aus Gesprächen Debatten, aus Nähe Vernetzung. Sie reduziert den Menschen auf sein Verhalten – nicht auf seine Würde. Auf seine Daten – nicht auf seine Tiefe.

Doch wer hinsieht, erkennt: Inmitten dieser Anpassung gibt es auch Gegenbewegung. Menschen, die sich nicht beugen. Die ihre Stimme behalten.

Die Bücher lesen, statt nur Headlines. Die in der Stille bleiben, wo alle schreien. Die aufstehen – ohne Bühne, ohne Lärm, aber mit Klarheit im Herzen.

Diese stille Revolution kann nur durch eine stille Gegenrevolution beantwortet werden. Nicht mit Aggression, sondern mit Aufrichtigkeit.

Nicht mit Kampf, sondern mit Bewusstsein. Nicht mit Gewalt, sondern mit Wahrheit.

Wer in sich selbst beginnt, verändert mehr als es jede Ideologie je vermag.

Denn so leise diese Revolution auch ist – sie wird nicht siegen, solange es Menschen gibt, die innerlich aufmerksam und wach bleiben.

Die sich erinnern, was der Mensch einmal war – und wieder sein kann. Die sich von den Tentakeln und den Greifarmen der kriminellen Elite befreien.

Die den Mut haben, einfach mal nicht mitzumachen.

Kapitel 17

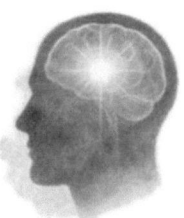

Wege aus der Manipulation

Manipulation beginnt dort, wo das Denken endet. Sie nistet sich nicht in der Logik ein, sondern in unseren unbewussten Reflexen, in unseren Ängsten, in unseren Wünschen und Gewohnheiten.

Man wird nicht manipuliert, weil man dumm ist, sondern auch weil man müde ist. Müde vom ständigen Reagieren, vom Dauerfeuer der Angst machenden Informationen, von der Unsicherheit die verbreitet wird, was denn nun wirklich stimmt.

Und genau hier beginnt der Ausweg. Und zwar nicht durch mehr Wissen, sondern durch klares Bewusstsein.

Wer sich befreien will aus der Kontrolle der Narrative, der muss bereit sein, unbequeme Fragen zu stellen.

Und das nicht nur an andere, sondern zu allererst an sich selbst. Was glaube ich – und warum? Was weiß ich wirklich – und was wurde mir eingeredet? Was fühle ich – und woher kommt dieses Gefühl?

Die Rückkehr zum eigenen Urteil ist der erste Akt der Freiheit. Wege aus der Manipulation beginnen im Kleinen: in der Entscheidung, nicht jede Schlagzeile zu glauben. In der Bereitschaft, länger als fünf Minuten bei einem Thema zu verweilen.

In der Kunst, wieder zuzuhören – auch denen, die man nicht sofort versteht. In der Demut, sich selbst zu hinterfragen, ohne sich dabei zu verlieren. Es braucht Momente der Stille. Ohne Bildschirm. Ohne Ablenkung. Nur mit sich selbst.

Denn wer sich nicht mehr spürt, wird gesteuert. Wer sich aber wieder hört – der merkt, was falsch klingt.

Die eigene Intuition ist ein sehr feines Instrument. Man muss sie nicht trainieren, man muss sie entstören. Auch Sprache ist ein Schlüssel. Denn wer die Worte anderer bewusst wahrnimmt, erkennt auch sehr gut ihre Absicht.

Wo gesprochen wird, ohne wirklich etwas zu sagen – da wird eben oft etwas versteckt. Wo Worte weich gespült und verwaschen sind, aber dennoch stark wirken sollen, ist meist Manipulation im Spiel.

Klare Sprache ist ein Zeichen von Klarheit im Denken. Und sie ist ansteckend. Ein weiterer Weg aus der Manipulation ist die bewusste Entscheidung, nicht alles gleichzeitig wissen zu wollen.

Die Informationsflut ist nicht nur eine Quelle – sie ist auch ein Instrument der Kontrolle. Wer ständig konsumiert, hat keine

Kraft, zu verdauen. Weniger Informationen, aber dafür bessere und vor allem neutral, unabhängige, wie beispielsweise alternative Medien aktuell auf Telegram (z.B. Auf1, Eva Hermann Offiziell oder Haintz.media)

Und schließlich natürlich Menschen, wirklich echte Menschen. Mit denen man Gespräche führen kann, die nicht strategisch angepasst sind, sondern die ehrlich sind.

Kontakte, die nicht durch Interessen, sondern durch Vertrauen entstehen.

Eine gesunde Gemeinschaft schützt vor Manipulation – nicht weil sie perfekt ist, sondern weil sie Orientierung gibt, die Rückhalt gibt und Resonanz.

Niemand ist völlig frei von Beeinflussung.

Doch jeder Mensch kann lernen, sich weniger beeinflussen zu lassen. Es beginnt mit einem Satz, der leise, aber machtvoll ist: „Ich sehe, was hier passiert."

Und mit der Entscheidung, nicht einfach weiterzuschwimmen – sondern den Blick zu heben, zu denken und fest zu stehen.

Freiheit ist keine Haltung, die man hat. Sie ist eine Praxis, die man lebt. Jeden Tag neu.

Kapitel 18

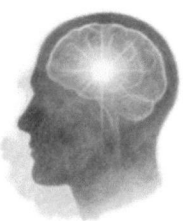

Die Kraft der Wahrheit

Wahrheit hat keine Lobby. Sie tritt nicht laut auf, sie macht keine Versprechen und sie verteilt keine Belohnungen. Sie drängt sich nicht in den Vordergrund – sie wartet. Und doch ist sie das, was bleibt, wenn alles andere vergeht.

In einer Zeit, in der Meinung mit Wissen verwechselt wird, in der Narrative die Wirklichkeit überlagern und in der die Lautesten oft das Feld beherrschen, wirkt Wahrheit wie ein leiser, aber unbeirrbarer Strom.

Man kann ihn umleiten, überdecken, ablenken – aber man kann ihn nicht stoppen.

Die Kraft der Wahrheit liegt nicht in ihrer Popularität, sondern in ihrer Unbestechlichkeit. Sie passt sich nicht an, sie ist nicht bequem. Sie fordert heraus – und manchmal schmerzt sie. Aber genau deshalb heilt sie.

Denn nur was erkannt wird, kann auch verändert werden. Nur was ausgesprochen wird, kann auch verwandelt werden. Wahrheit beginnt nicht mit Beweisen – sie beginnt mit Aufrichtigkeit. Mit dem Mut, sich selbst nicht länger zu belügen. Mit der Bereitschaft, die eigenen Überzeugungen nicht als Dogma zu verteidigen, sondern als Weg zu prüfen.

Wer in Wahrheit leben will, muss lernen, sich selbst zu konfrontieren – nicht mit Selbsthass, sondern mit Klarheit.

In einer Welt voller Masken und medial inszenierter Realitäten ist die Wahrheit oft einfach: das Unbequeme, das Nicht-Perfekte, das Echte. Ein Gesicht ohne Filter.

Ein Wort ohne PR. Ein Moment des Schweigens inmitten des Lärms. Und doch braucht es Mut, das Echte auszuhalten.

Denn Wahrheit entlarvtdirekt und erbarmungslos. Sie macht sichtbar, was viele nicht sehen wollen und oft auch nicht dürfen. Darum wird sie gnadenlos bekämpft. Nicht frontal, sondern subtil. Durch permanente Ablenkung, durch Relativierung, mit Ironie und mit Fragmentierung.

Wer die Wahrheit sagt, wird nicht selten als radikal, naiv oder gefährlich bezeichnet und verfolgt.

Doch das sagt mehr über die Gesellschaft aus als über den Sprecher. Die Wahrheit aber bleibt. Und sie wirkt auch im Verborgenen. Sie wächst in Gesprächen, in Begegnungen, aber auch in der Stille.

Sie leuchtet in den Augen derer, die nichts mehr vortäuschen. Sie befreit dort, wo Menschen beginnen, ihre Angst vor ihr zu verlieren.

Man muss jedoch kein Held sein, um wahrhaftig zu leben. Es genügt schon, damit aufzuhören, sich selbst immer wieder zu verleugnen. Wahrheit ist kein Konzept, sie ist ein innerer Zustand.

Und je mehr Menschen ihn erreichen, desto mehr verändert sich die Welt – nicht spektakulär, aber tiefgreifend.

Denn am Ende, wenn alle Masken gefallen sind, wenn jede Inszenierung entlarvt und jede Strategie gescheitert ist, bleibt nur eines: die Wahrheit. Und sie wird nicht fragen, ob wir gesiegt haben – sondern ob wir aufrichtig waren.

Wir alle haben die letzten Jahre viele leidvolle Erfahrungen machen müssen mit Corona. Millionen Menschen sind weltweit bereits an den Folgen der sogenannten "Impfungen" gestorben.

Unzählige haben ein irreparables Immunsystem und sind von immer wiederkehrenden Krankheiten geplagt, viele sind von einem Turbokrebs befallen.

Wer sich den Spritzen mit Überzeugung, mit Wissen und Wachheit entgegenstellen konnte, darf sich sehr glücklich schätzen.

Was es tatsächlich genau mit der Plandemie Corona auf sich hatte, lesen Sie in den weiteren nachfolgenden Kapiteln.

An dieser Stelle möchte ich Sie, meine lieben Leser und Leserinnen, gern noch einmal ganz direkt ermutigen.

Lassen Sie sich nicht in eine rechte Ecke stellen und lassen Sie sich nicht erpressen. Bleiben Sie immer kritisch und mutig.

Mit der Kraft der Wahrheit in uns selbst und mit dem Mut, diese Wahrheit weiter in die Welt zu tragen und nicht alles mitzumachen, können wir die Angriffe auf unsere Zukunft und die Zukunft unserer Kinder und Kindeskinder erfolgreich abwehren und unsere Freiheit bewahren bzw. Zurück erobern.

Kapitel 19

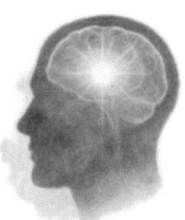

Die Pandemie der Angst – Wie Corona zur globalen Testbühne wurde

Die Welt hielt im Frühjahr des Jahres 2020 den Atem an. Plötzlich war alles anders. Ein unsichtbarer Feind, ein Virus mit einem Namen, der bald zur Alltagsvokabel wurde: CORONA.

Was wie ein vermeintlich medizinisches Problem begann, wurde in kürzester Zeit zu einem gesellschaftlichen, politischen, kulturellen, psychologischen und menschverachtenden Ausnahmezustand. Schulen schlossen, Menschen wurden isoliert, Grundrechte wurden entzogen und eingefroren.

Die Angst wurde zur dominanten Emotion – und zur stärksten Waffe gegen die Menschheit.

Rückblickend erscheint Corona nicht nur als eine Gesundheitskrise, sondern als eine beispiellose Machtdemonstration. Eine Generalprobe für Kontrolle im großen Maßstab. Und der Stoff, aus dem eine globale Umerziehung geschneidert wurde.

Es ging – und geht – um weit mehr als ein Virus. Es ist die Strategie der Angst. Die Werkzeuge der Angst waren präzise gewählt: tägliche Fallzahlen, rote Karten auf dem Bildschirm, Bilder von Särgen, überlastete Krankenhäuser, kontrollierte Tränen in Talkshows.

Angst lähmt den Verstand. Wer Angst hat, stellt keine Fragen. Und wer keine Fragen stellt, ist leicht zu lenken.

„Flatten the curve" wurde zur Parole, „Solidarität" zur moralischen Pflicht, Masken zum Symbol der Unterwerfung. Die Bevölkerung gewöhnte sich innerhalb weniger Wochen an eine neue Realität – in der Nachbarn sich gegenseitig denunzierten, Spaziergänge zum politischen Akt wurden und das gesprochene Wort unter Verdacht stand.

Die Coronakrise brachte das, was unter der Oberfläche bereits gärte, an die Oberfläche: die Abhängigkeit von zentralen Informationsquellen, die Macht der Tech-Konzerne, die Verwirrung über Wahrheit. Fakten wurden verhandelbar, alternative Meinungen diffamiert.

Wer hinterfragte, wurde schnell zum „Leugner" erklärt – ein Begriff, der im medialen Gleichschritt mit „Gefährder" und „Verschwörer" und Verschwörungstheoritiker tänzelte.

Wissenschaft wurde zur Religion, Experten zu Propheten, Virologen zu politischen Beratern. Früher noch hoch dekorierte und anerkannte, aber jetzt kritisch hinterfragende Wisenschaftler wurden kurzerhand ignoriert. Und die Demokratie? Sie stand oft nur noch auf dem Papier. Parlamente wurden umgangen, Notverordnungen grundlos verlängert, Grundrechte auf unbestimmte Zeit eingeschränkt.

Wer „nein" sagte, galt nicht als kritisch, sondern als asozial. Corona war mehr als eine Pandemie. Es war ein großes globales Sozialexperiment am Menschen.

• Wie weit lassen sich Menschen in Angst halten?

• Wie schnell geben sie ihre Freiheiten auf – wenn man sie unter dem Deckmantel der Fürsorge einschränkt?

• Wie leicht ist es, durch Narrative eine ganze Gesellschaft umzuprogrammieren?

Die Antworten auf diese Fragen sind beunruhigend. Und sie liefern genau die Daten, die gebraucht werden, um zukünftige Plandemien und Kontrollsysteme feingranular zu gestalten. Digitale Nachverfolgung, Gesundheitszertifikate, geobasierte Bewegungsprofile – alles wurde im Namen der Sicherheit eingeführt. Und vieles davon bleibt.

Was Corona verändert hat, ist nicht nur unser Verhältnis zu Gesundheit. Es hat unser Verhältnis zu Freiheit, Wahrheit und Mitmenschlichkeit erschüttert. Vertrauen wurde durch Gehorsam ersetzt. Beziehung durch Distanz. Reflexion durch Wiederholung.

Der Mensch soll formbar sein – steuerbar, planbar, steuerlich verwertbar. Corona hat gezeigt, wie leicht es ist, ein ganzes Volk in die Angst zu treiben und dort zu halten. Den Preis dafür zahlen die Menschen nun fortwährend mit psychische Krankheit, verlorenen und geschundenen Kinderseelen, soziale Distanz, wirtschaftlich ruinierte Existenzen, und vieles mehr.

Corona war auch kein Unfall. Es war ganz klar geplant und es war ein Beschleuniger. Und in gewisser Weise ein Testlauf für eine neue Form von Herrschaft: nicht mehr durch Gewalt, sondern durch psychologische Programmierung.

Nicht mehr durch Zwang, sondern durch Gewöhnung. Weitere wahnwitzige Plandemien, in welcher Form auch immer, liegen bereits bei der WHO in den Schubladen.

Die entsprechenden "Impfstoffe" sind wahrscheinlich ebenfalls schon bei den bekannten Pharmaunternehmen auf Lager.

Kapitel 20

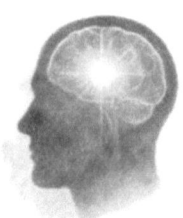

Der Lockdown des Verstandes – Gehorsam, Kontrolle und das Ende des Zweifelns

Was im Frühjahr 2020 geschah, war eben mehr als eine gesundheitspolitische Maßnahme – es war der kollektive Stillstand des kritischen Denkens.

Mit dem Lockdown kam nicht nur das gesellschaftliche Leben zum Erliegen, sondern auch der freie Geist, der offene Diskurs, das gesunde Zweifeln.

Nie zuvor in der Geschichte moderner Demokratien war das Denken selbst so unter Druck geraten.
Nicht, weil es verboten war – sondern, weil es gefährlich erschien.

Denn wer in Zeiten der Angst fragt, stört den Frieden und die vorgegebene Ordnung. Wer zweifelt, gefährdet die Ordnung. Wer kritisch ist, wird zum Feind des Kollektivs und behindert die Umerziehung der Gesellschaft

Die Corona-Politik war nicht nur ein Maßnahmenkatalog, sie war ein massenpsychologisches Programm. Wer brav war, bekam Freiheiten zurück – wer nicht gehorchte, wurde medial verurteilt. Es entstanden neue Kategorien:

- „Impfskeptiker"
- „Corona-Leugner"
- „Querdenker"
- Verschwörungstheoritiker
- Nazi
- Aluhut
- Rechtsextremer

Alles Begriffe, die nicht der Aufklärung dienten, sondern der Spaltung. Nicht der Wahrheitssuche, sondern der moralischen Disziplinierung.

So wurde die Gesellschaft nicht durch Debatte gebildet, sondern durch Druck gleichgeschaltet. Medien, Politik, selbst Wissenschaft und Justiz bildeten eine Allianz des Gehorsams.

Und große Teile der Bevölkerung machten mit – aus Angst, aus Bequemlichkeit, aus Überzeugung.

Nie war es so schwer, „Warum?" zu sagen.
Wer kritisierte, galt nicht als unbequem, sondern als gefährlich.
Wer auf Studien verwies, wurde als unsolidarisch gebrandmarkt.
Wer sich auf das Grundgesetz berief, war plötzlich „rechts".

So entstand ein Klima der Selbstzensur. Ein innerer Lockdown. Der öffentliche Raum wurde zum Ort der Wiederholung – nicht der Reflexion. Journalismus wurde zur Verlautbarung. Wissenschaft zur Begründung von Politik. Kritik zur Straftat der Herzen.

Dabei ist genau das das eigentliche Wesen der Demokratie: der Zweifel.

Die Auseinandersetzung. Das Ringen um Wahrheit. Doch das wurde als Störung empfunden. Denn das Narrativ war gesetzt, und wer daran rüttelte, wurde zum Außenseiter erklärt.

Was sich durch Corona etabliert hat, ist ein neues Menschenbild: der brave Bürger, der sich fügt. Der nicht fragt, sondern folgt. Der seine Nachbarn überwacht.

Der sich für Sicherheit jede Freiheit nehmen lässt – und glaubt, das sei Fortschritt.

Diese Form des Gehorsams ist gefährlich. Nicht nur, weil sie die Demokratie aushebelt – sondern weil sie den Menschen innerlich bricht.

Denn wahre Freiheit beginnt im Kopf. Und wenn man dort den Schalter umlegt, ist die äußere Kontrolle nur noch Formsache. Corona hat uns gezeigt, wie schnell das geht.

Wie rasch eine offene Gesellschaft zu einer angepassten Masse werden kann. Nicht durch Gewalt – sondern durch Angst, Schuld und Moral.

In einer Welt, die zunehmend von Angst, Unsicherheit und Autorität geprägt ist, findet der Lockdown nicht nur in den Straßen, sondern vor allem auch in den Köpfen statt.

Der Verstand – einst das Zentrum von Neugier, kritischem Denken und Zweifel – wird durch unsichtbare Fesseln aus Gehorsam und Kontrolle zum Schweigen gebracht.

Der Lockdown des Verstandes war kein Zufall. Er war geplant, begleitet und beschleunigt. Denn freie Gedanken stören. Sie bremsen und sie hinterfragen.

Doch wer den Verstand ausschaltet, verliert mehr als seine Meinung. Er verliert sich selbst.

Darum ist dieses Kapitel ein Appell an den Mut, möglichst zu jeder Zeit selbst zu denken. An die Kraft, selbst zu hinterfragen. An die Würde, nein zu sagen – auch wenn alle nicken.

Denn wenn wir aus dem geistigen Lockdown nicht erwachen, werden wir in einer Zukunft leben, in der nicht mehr gefragt, sondern nur noch funktioniert wird.

Kapitel 21

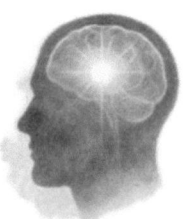

Die neue Weltordnung im Schatten des Virus

Während die Welt im Schockzustand verharrte, leise in den Wohnzimmern verzweifelte, Masken trug und sich in digitale Räume flüchtete, geschah etwas, das vielen entging:

Die tektonischen Platten der globalen Ordnung begannen sich zu verschieben. Und zwar nicht zufällig. Sondern ganz gezielt und planvoll.

Denn wer aufmerksam hinsah, erkannte: Hinter dem Ausnahmezustand wuchs eine "neue Normalität" – und mit ihr das Fundament für eine neue Weltordnung, still, fast unsichtbar, aber systematisch.

Jede Krise birgt Chancen – das ist eine Binsenweisheit. Doch in dieser Pandemie wurde sie zur Maxime globaler Machtstrategien. Internationale Organisationen, Technologiekonzerne, supranationale Gremien und milliardenschwere Stiftungen nutzten das Chaos als Bühne. Nicht, um Heilung zu bringen – sondern Ordnung. Eine Ordnung, wie sie ihnen nützt.

Die Weltbank sprach plötzlich von "Impfpässen als Voraussetzung für wirtschaftliche Teilhabe".

Das Weltwirtschaftsforum mit Klaus Schwab an der Spitze inszenierte seine Vision vom Great Reset – einem Umbau der Gesellschaft hin zu Nachhaltigkeit, Digitalisierung und globaler Steuerung.

Organisationen wie WHO oder GAVI erhielten mehr Macht, wurden dafür weniger kontrolliert – und galten plötzlich als unantastbar. Der Virus wurde zum Vorwand – für etwas Größeres.

Denn das Ziel war und ist: eine globale Kontrolle und Steuerung der Menschheit.

Was sich in der Pandemie zeigte, war mehr als Koordination. Es war zentralisiertes Denken und globale Gleichschaltung unter dem Banner der Solidarität. Nationale Parlamente wurden entmachtet, Bürgerrechte international nivelliert.

Die alte Idee, des bewährten Konzeptes souveräner Staaten begann zu bröckeln – ersetzt durch das Konzept einer vernetzten, kontrollierten Weltgesellschaft.

Dabei ging es nicht um Verschwörungen im klassischen Sinne, sondern um Interessen, um Agenden, es ging um Netzwerke und um Macht.

Die Pandemie war das perfekte Werkzeug, um digitale Identitäten einzuführen, um Bargeld zu delegitimieren und um Grenzen zu entwerten – und Kontrolle zu globalisieren.

„Build back better", „Nachhaltigkeit", „Digitale Transformation", „Zero Covid", „Zukunftsfähigkeit" – all das klang harmlos, ja sogar wünschenswert.

Doch wer die Sprache beherrscht, weiß: Diese Begriffe sind Chiffren für etwas Tieferes. Es geht um eine neue Welt, in der Entscheidungen nicht mehr demokratisch fallen, sondern algorithmisch. In der Transparenz heißt das, der Mensch wirt gläsern und vollständig kontrollierbar..

Alle werden gleich behandelt – und gleich überwacht. Und in der Sicherheit heißt das, jeder Schritt wird registriert.

Das Ideal des freien Bürgers wich dem Modell des vernetzten, verifizierten Nutzers. Nur wer regelkonform ist, darf mitspielen. Der Rest wird systematisch ausgeschlossen.

Corona beschleunigte einen Trend, der längst begonnen hatte: Die Reduktion des Menschen auf ein digitales Profil. Gesundheitsstatus, Standortdaten, Social-Media-Verhalten – alles fließt in Systeme ein, die nicht nur beobachten, sondern bewerten.

Chinesische Vorbilder wie das Social Credit System standen plötzlich nicht mehr im Fokus der Kritik – sondern wurden studiert, adaptiert, simuliert.

Die Pandemie wurde zum Prototyp eines sozialen Betriebssystems, das auf Belohnung und Bestrafung basiert.

Nicht durch Polizei – sondern durch digitale Systeme, die jeden Klick registrieren und jeden Zweifel speichern.

Natürlich wird diese neue Ordnung nicht als Diktatur verkauft. Im Gegenteil: Sie kommt als Retterin und sie verspricht:

- Schutz vor Pandemien

- Gerechtigkeit durch Algorithmen

- Nachhaltigkeit durch Kontrolle

- Fortschritt durch Verzicht

- Sicherheit für alle Menschen

Doch es sind schlicht nur plumpe Lügen und was dabei auf der Strecke bleibt, ist wieder mal der Mensch.

Der lebendige, der irrende und der suchende Mensch. Der Mensch mit seiner Seele, mit seinem Gewissen und seinem natürlichen Drang nach Freiheit.

Die neue Weltordnung aber will keine freien Bürger – sie will und braucht funktionierende Einheiten.

Die Welt in den Händen der kleinen globalen, schwer kriminellen Elite.

Sie will am liebsten alle Menschen als Maschinen. Der Transhumanismus als konkreter Versuch, den Großteil der Menschheit abzuschaffen (siehe dazu auch Kapitel 29)

Kapitel 22

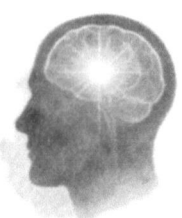

Digitale Impfpflicht – Wie Freiheit zur Lizenz wird

Es begann mit einem Versprechen: Wenn du dich impfen lässt, bekommst du dein Leben zurück. Ein Satz, der harmlos klang, aber eine tektonische Verschiebung bedeutete.

Denn was hier geschah, war nicht nur ein gesundheitspolitischer Schritt – es war die Transformation von Freiheit in eine Erlaubnis, von Grundrecht in Gnade, von Bürgerstatus in Gehorsamsprämie.

Die sogenannte Impfpflicht – ob offiziell oder durch sozialen Druck erzwungen – war in Wahrheit die Geburtsstunde eines neuen Kontrollinstruments: dem digitalen Immunitätsnachweis, eingebettet in Apps, verknüpft mit Zugang, Mobilität und Teilhabe.

Der digitale Pass ist nur ein Türöffner in eine neue Ordnung der letztendlich totalen Kontrolle.

Der sogenannte „grüne Pass", „Impfzertifikat" oder „Covid-Nachweis" war mehr als ein Dokument. Er war die Eintrittskarte in eine neue Welt, in der Rechte nicht mehr selbstverständlich, sondern vom System verliehen werden – temporär, bedingt, kontrollierbar.

Wer geimpft war, durfte reisen. Wer nicht geimpft war, blieb zurück. Wer sich fügen konnte, gehörte zur Gesellschaft. Wer Fragen stellte, wurde ausgegrenzt.

Nie zuvor wurde ein medizinischer Status so stark an die gesellschaftliche Teilhabe gekoppelt. Es war nicht die Krankheit, die die Welt spaltete – sondern die Bedingung an ihre Behandlung.

Das Wesen eines Rechts liegt darin, dass es dir zusteht – unabhängig von deiner Haltung, deiner Konformität, deiner körperlichen Verfassung. Doch mit dem digitalen Impfstatus wurde genau das auf den Kopf gestellt:

Die Bewegungsfreiheit wurde zur vorübergehenden Erlaubnis. Das Recht auf Bildung zur privilegierten Möglichkeit. Der Zugang zum öffentlichen Leben zur Belohnung für Unterwerfung.

Die Gesellschaft wurde in zwei Gruppen geteilt – nicht durch Herkunft, nicht durch Glauben, sondern durch eine medizinische Entscheidung, die eigentlich höchstpersönlich ist.

So entstand ein Präzedenzfall: Wer systemkonform handelt, ist frei. Wer sich verweigert – selbst aus Überzeugung, aus medizinischen Gründen oder aus ethischen Motiven – verliert Rechte, wird verdächtig, wird marginalisiert.

Der stille Einstieg in die Biopolitik

Das digitale Impfzeugnis war der erste großflächige Eingriff in die körperbezogene Selbstbestimmung.
Nicht mehr du allein entscheidest über deinen Körper – sondern das System definiert, was als „gesund", „sicher", „gesellschaftlich akzeptabel" gilt.

Die Folge ist eine neue Form der Biopolitik:

- Deine körperliche Konformität wird dokumentiert.
- Dein Verhalten wird bewertet.
- Dein Zugang zum Leben wird algorithmisch geregelt.

Das ist kein Gesundheitsschutz. Das ist der Einstieg in ein System, in dem der Mensch zum passiven Objekt seiner eigenen Erlaubtheit wird. Die „Impfpflicht" war nie nur ein Pieks. Sie war ein Test:

- Wie weit lassen sich Menschen kontrollieren, wenn man es „Solidarität" nennt?
- Wie schnell akzeptieren sie digitale Überwachung, wenn man sie „Zugang" nennt?
- Wie bereitwillig verzichten sie auf Rechte, wenn man sie ihnen später vielleicht zurückgibt?

Die Antworten sind beunruhigend. Und sie zeigen, die weltweite große Masse lässt fast alles mit sich machen.

Wenn wir jetzt nicht sehr schnell lernen, die Grenzen zwischen Recht und Kontrolle, zwischen Freiheit und Lizenz, zwischen

Fürsorge und Zwang neu zu definieren – dann werden wir bald ohne digitale ID bzw. ohne digitalen Impfpass nichts mehr sein. Wir werden von allem ausgeschlossen und am Ende nicht mehr lebensfähig sein.

Kapitel 23

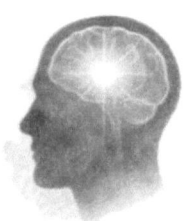

Sozialistische Narrative – Umerziehung durch Sprache und Schulpolitik

Während viele noch glauben, der Sozialismus sei ein Relikt vergangener Systeme und scheiternder Diktaturen, erlebt er im Westen eine stille, schleichende Renaissance – nicht mehr in der klassischen Form staatlicher Verstaatlichung, sondern als Kulturprogramm, als gesellschaftliches Umerziehungsprojekt, das tief in unsere Sprache, Bildung und Denkweise eingreift.

Nicht mehr der Arbeiter steht im Zentrum, sondern der "verletzliche Mensch", das Kollektiv, die angeblich diskriminierte Gruppe. Gleichheit wird nicht mehr als Chancengleichheit verstanden, sondern als Ergebnisgleichheit, erzwungen durch politische Korrektheit, Quote, Moralerziehung und autoritäre Maßnahmen.

Und am sichtbarsten wird dieser ideologische Wandel in zwei Bereichen: der Sprache – und der Schule. Sprache ist nicht nur ein Werkzeug der Kommunikation – sie ist ein Abbild des Denkens. Wer die Sprache kontrolliert, formt das Denken. Genau das haben Ideologen zu allen Zeiten gewusst.

Heute jedoch geschieht es subtiler, intelligenter, durch Medien, Gesetze, moralische Codes.

Worte wie „Mutter", „Leistung", „Heimat", „Normalität" gelten plötzlich als problematisch. Begriffe wie „cis", „toxisch", „nicht-binär", „Gendersensibilität" oder „intersektional" dominieren die öffentliche Debatte – nicht, weil sie Klarheit schaffen, sondern weil sie Identitätspolitik und Spaltung betreiben.

Gendergerechte Sprache wird nicht mehr vorgeschlagen, sondern gefordert. In Verwaltungen, Schulen, Universitäten.

Wer nicht mitmacht, gilt schnell als rückständig, intolerant, asozial oder gar gefährlich. Sprache wird normiert – nicht aus Liebe zur Wahrheit, sondern aus ideologischem Kalkül.

Das Ziel ist nicht Kommunikation, sondern Kontrolle. Nicht Ausdruck, sondern Anpassung.
Ein sprachlich umerzogenes Volk fragt nicht mehr, es wiederholt.

Was früher einmal Ort der Bildung, der Wissensvermittlung, der Förderung individueller Talente war, ist heute in weiten Teilen ein ideologisch gesteuertes Erziehungsinstrument geworden. Immer weniger geht es um Inhalte, immer mehr um Haltung.

Lehrer sollen nicht mehr lehren, sondern „sensibilisieren". Schüler sollen nicht mehr lernen, sondern „Verantwortung für das Klima", „gegen Diskriminierung" oder „für Vielfalt" übernehmen – Begriffe, die richtig klingen, aber oft nur als Vorwand dienen, um ideologischen Druck aufzubauen.

Lesen, Schreiben, Rechnen? Nebensache.
Wichtiger sind heute Projekte gegen „Rechtsextremismus", für „Gleichstellung", für „Identitätsvielfalt".

Wer sich kritisch äußert, wer Fragen stellt, wer klassische Werte einfordert, wird schnell zum Problemfall – auch als Schüler oder Elternteil. Die Schule wird damit zur Bühne für ein tiefgreifendes Projekt:

Die geistige Neuprogrammierung der nächsten Generation. Es ist eine Ideologie hinter der Umerziehung. Was sich hier abzeichnet, ist kein Zufall. Es ist das Wiederaufleben einer sozialistischen Grundidee, diesmal nicht mit rotem Banner, sondern mit Regenbogenflagge, CO_2-Zertifikaten und Antidiskriminierungsgesetzen:

Der Einzelne soll sich dem Kollektiv unterordnen. Kritik wird moralisch entwertet. Unterschiedlichkeit wird nicht gefördert, sondern eingeebnet. Leistung wird misstraut, Schwäche wird verherrlicht. Tradition wird lächerlich gemacht, Geschichte umgeschrieben.

Es ist eine Ideologie der Gleichmacherei – nicht im Sinne der Würde, sondern im Sinne der Nivellierung. Es ist der stille Verlust der Freiheit. Diese Entwicklung geschieht nicht durch Zwang, sondern durch Scham. Nicht durch Gewalt, sondern durch Ausgrenzung. Und das macht sie so gefährlich.

Denn wer sich gegen diese neue Sprache stellt, gegen diese
Umerziehung, gegen diesen politisch-moralischen Druck – der
wird nicht als Diskutant gesehen, sondern als Gegner.
Wer Wahrheit sucht, gilt als Unruhestifter und wer Bildung will,
wird als elitär diffamiert.

So wächst eine Generation heran, die gelernt hat zu gehorchen,
nicht zu denken. Die stumpf wiederholt, was erlaubt ist – und
Angst hat vor dem, was wahr sein könnte.

Kapitel 24

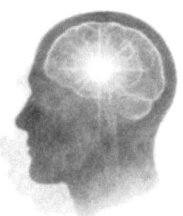

Green Ideologie – Wenn Klima zur Ersatzreligion wird

Der Mensch braucht Sinn. In einer zunehmend entzauberten, digitalisierten und beschleunigten Welt wächst das Bedürfnis nach Orientierung, nach Zugehörigkeit, nach moralischer Sicherheit.

Was früher Religionen, Familien oder kulturelle Werte boten, ersetzt heute zunehmend ein neues Glaubenssystem: die Klimarettung.

Was als legitimes Anliegen begann – der Schutz unserer Lebensgrundlagen – ist längst zu einer politischen Ersatzreligion geworden. Eine Bewegung, die nicht mehr nur mahnt, sondern richtet. Die nicht mehr aufklärt, sondern verurteilt. Die nicht mehr forscht, sondern glaubt.

Willkommen im Zeitalter der Green Ideologie. Klima als moralische Waffe. Klimaschutz ist keine wissenschaftliche Frage mehr. Er ist ein moralisches Dogma und in der BRD bereits in die Verfassung aufgenommen. Wer CO_2-neutral lebt, gilt als gut. Wer Fleisch isst, SUV fährt oder Flugreisen mag, wird moralisch abgestempelt.

Kinder werden in der Schule nicht nur mit Wissen versorgt, sondern mit Schuldgefühlen:

„Wegen dir stirbt der Planet."
„Deine Generation muss die Welt retten."
„Verzicht ist Zukunft."

Der Mensch wird zum Problem erklärt. Seine Existenz zur Belastung. Seine Lebensfreude zur Klimasünde. Der blanke Irrsinn.

Und wer wagt, zu fragen – etwa nach Verhältnismäßigkeit, nach technischer Innovation, nach demokratischer Legitimation –, der steht schnell auf der falschen Seite, auf der Seite der „Klimaleugner", der „Nazis" oder ist ein „Rechter"

Begriffe, die nicht nur sachlich falsch sind, sondern perfide konstruiert – um jeden Zweifel mit moralischer Verachtung zu überziehen. Der neue Öko-Mensch ist korrekt, angepasst, verzichtend

Die Green Ideologie schafft ein neues Ideal. Den CO_2-bewussten, „nachhaltigen" Menschen. Er isst pflanzlich, meidet Autos, nutzt Lastenräder, fliegt nicht, hinterfragt nichts. Er spricht von „Klimagerechtigkeit", klebt sich auf Straßen und glaubt, durch Konsumverzicht die Welt zu retten.

Doch hinter dieser äußeren Ethik liegt oft etwas anderes: eine tiefgreifende ideologische Umprogrammierung. Denn dieser Mensch ist nicht frei. Er lebt nach Regeln, die ihm nicht innerlich gewachsen sind, sondern von außen diktiert werden.

Er lebt in Angst – nicht vor der Hölle, sondern vor Hitze. Nicht vor Sünde, sondern vor CO_2. Die neue Weltordnung braucht diesen Typus.

Denn wer verzichtet, fragt nicht nach Macht. Wer sich schuldig fühlt, gehorcht. Wer Angst hat, lässt sich lenken. Es ist der Weg von der Wissenschaft zur Heilslehre.

Echte Wissenschaft fragt, vergleicht, entwickelt, korrigiert sich selbst.Die Klimawissenschaft jedoch ist – zumindest im öffentlichen Diskurs – zur Heilslehre geworden. Unantastbar, absolut, politisch instrumentalisierbar.

Widerspruch gilt nicht. Kritik wird nicht geprüft, sondern gecancelt. Studien, die nicht ins Bild passen, verschwinden aus den Algorithmen. Experten, die differenziert argumentieren, werden zu „Verharmlosern" oder „Lobbyisten" erklärt.

Dabei wäre genau jetzt differenziertes Denken gefragt wie:

- Was ist wissenschaftlich belegt, was ist politisch behauptet?
- Welche Maßnahmen helfen wirklich, welche dienen nur der Kontrolle?
- Wer profitiert vom Klima-Notstand?

Doch solche Fragen gelten natürlich als störend. Denn sie stören das Narrativ. Und Narrative sind das, worauf Macht in

Krisenzeiten baut. Klimarettung als Vorwand für Machtverschiebung.

Hinter der grünen Rhetorik steht oft eine tiefrote Agenda:

- Mehr Regulierung

- Mehr Zentralisierung

- Weniger individuelle Freiheit

- Weniger Eigentum

- Weniger Selbstbestimmung

Der „Green Deal" wird zum „Great Reset". Klimaschutz zum Vorwand für Überwachung, Enteignung, digitale Kontrolle. Wer CO_2-Ausstoß messen kann, kann Verhalten messen. Wer Verhalten misst, kann Verhalten steuern.
Und wer Verhalten steuert, kontrolliert den Menschen.

Das Klima wird zur Legitimationsgrundlage – für Eingriffe, die mit Umwelt nichts mehr zu tun haben, aber mit Macht alles. Unser Widerstand beginnt mit Klarheit. Klimawandel ist nicht von Menschen gemacht, es gibt ihn schon immer.

Der angeblich schädliche CO_2 Gehalt in der Luft war vor einigen Millionen Jahren schon um ein Vielfaches höher und die Erde war ein hochgradig grüner und fruchtbarer Planet. Mehr CO_2 ist nicht schädlich, sondern eher zuträglich.

Die Erde ist wertvoll. Unsere Umwelt verdient Schutz. Doch was wir erleben, ist kein ehrlicher Schutz – sondern ideologische Steuerung.

Wir dürfen nicht zulassen, dass berechtigte Sorge zur Rechtfertigung einer neuen Diktatur wird – einer Diktatur des Gewissens, verpackt in Nachhaltigkeit.

Freiheit und Verantwortung gehören zusammen.
Aber Freiheit braucht Wahrheit. Und Wahrheit beginnt dort, wo wir wieder selbst zu denken beginnen.

Und was passiert mit einer Gesellschaft, die das Klima als neuen Altar errichtet?

Kapitel 25

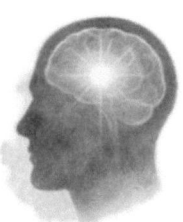

Die Moral-Diktatur – Tugendterror im Namen der Gerechtigkeit

Was ist richtig? Was ist falsch? Was ist gut – und wer entscheidet das? In einer freien Gesellschaft sind diese Fragen offen, vielschichtig, diskussionswürdig. Doch wir leben zunehmend in einer Zeit, in der nicht mehr Argumente zählen, sondern Haltungen.

Nicht mehr Inhalte, sondern Gesinnung. Und wer die falsche Haltung hat, ist draußen – egal wie klug, gebildet oder friedlich er ist.

Was sich als Fortschritt tarnt, ist in Wahrheit eine neue Form des Totalitarismus: eine Moral-Diktatur, erbarmungslos, aufgeladen mit Schuld, betrieben im Namen von „Gerechtigkeit", „Vielfalt", „Toleranz" – und durchgesetzt von jenen, die sich selbst als „die Guten" begreifen. Genau das ist der neue Tugendterror.

Früher wurden Menschen politisch verfolgt. Heute genügt ein falscher Tweet, ein unliebsames Zitat, ein veralteter Begriff – und du bist gecancelt und schlimmstenfalls sogar angezeigt, verhaftet und verklagt. Nicht wegen echten Verbrechen, sondern nur wegen Abweichung.

Die neue Form der Ausgrenzung ist perfide. Sie zerstört keine Körper, sondern Karrieren. Sie benutzt keine Knüppel, sondern Hashtags. Sie wirft keine Bücher ins Feuer, sondern löscht Profile. Und das alles im Namen des Guten.

Die neue Moral ist nicht mehr Einladung zum besseren Handeln – sie ist di brutale Waffe zur Disziplinierung. Wer sie nicht mitträgt, ist nicht nur anderer Meinung, sondern moralisch minderwertig.

So funktioniert Tugendterror: durch Angst, durch Schuld und sozialen Druck. Die Gerechtigkeit wird zum als missbrauchten Machtinstrument

Gerechtigkeit war einmal das Streben nach Ausgleich, nach Fairness, nach Maß. Heute ist sie ein Kampfbegriff. „Klimagerechtigkeit", „soziale Gerechtigkeit", „Gendergerechtigkeit" – überall, wo das Wort auftaucht, geht es nicht mehr um Gleichwertigkeit, sondern um Gleichmacherei und Herrschaftsanspruch.

Nicht mehr das Gesetz zählt, sondern das Gefühl.
Nicht mehr das Ergebnis, sondern die Absicht.
Nicht mehr die Freiheit, sondern die korrekte Haltung.

Gerechtigkeit wird nicht mehr gesucht – sie wird verordnet. Und wer sie nicht sofort bejaht, wird stigmatisiert. Die Moral hat die Debatte ersetzt. Der Diskurs ist tot – es herrscht das Urteil.

Der gute Mensch wird heute als Gefahr hingestellt. Die gefährlichste Figur der Geschichte war nie der offen Böse. Es war derjenige, der überzeugt war, auf der richtigen Seite zu stehen. Der meinte, er rette die Welt. Der glaubte, er tue das Richtige – koste es, was es wolle.

Heute ist er zurück. Nicht im braunen Hemd oder roten Mantel, sondern im T-Shirt mit Regenbogenlogo, mit dem Lastenrad, dem Smartphone, der Petition gegen alles, was nicht ins Weltbild passt.

Er meint es gut. Und genau das macht ihn gefährlich. Denn er kennt keine Zweifel. Er kennt keine Selbstkritik. Er kennt nur eine Richtung: seine.

Und die muss durchgesetzt werden – notfalls gegen dich, notfalls gegen dein Kind, notfalls gegen das ganze System. Denn alles, was sich seiner Moral widersetzt, gilt als Hass, Hetze oder Rückschritt. Moral ersetzt Recht.

Der echte, der wahre Rechtsstaat lebt von festen Regeln, von klaren Verfahren, von Unabhängigkeit. Die Moral-Diktatur hingegen lebt von Stimmung, Interpretation, Empörung. Sie setzt sich über Regeln hinweg – weil sie sich im Recht fühlt.

So wird ein Tweet gefährlicher als ein Einbruch. Ein falsches Pronomen problematischer als eine

Körperverletzung. Ein kritischer Gedanke schlimmer als ein Diebstahl. Das Recht wird ausgehöhlt – von innen.
Und ersetzt durch eine Moral, die sich ständig wandelt, aber immer fordert. Nie vergibt. Und jeden Tag neue Opfer braucht.

Wie sieht er aus, der Weg zurück zur Mündigkeit? Was uns retten kann, ist nicht die Gegenmoral. Sondern die Rückkehr zum Menschlichen. Zur Freiheit und zur Fähigkeit, Unterschiede auszuhalten, ohne sie zu verurteilen.

Wir brauchen den Mut, wieder nach Wahrheit zu suchen, statt nur nach Zustimmung. Wir brauchen die Kraft, uns selbst zu prüfen, statt andere zu belehren. Und wir brauchen eine neue Generation, die lernen darf, ohne indoktriniert zu werden.Denn Moral ist kein Gesetz.

Und wer sie zu einem macht, zerstört nicht nur die Freiheit – sondern auch den Menschen.

Kapitel 26

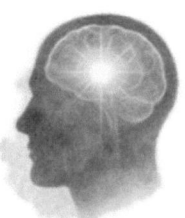

Made in China – Das globale Rollenvorbild des Social Credit Systems

Die meisten Menschen denken bei China an Fernost, an große Städte, rote Fahnen, alte Kultur und vielleicht an günstige Produkte – aber kaum jemand denkt an die Zukunft unserer westlichen Gesellschaft.

Dabei ist es genau das: China ist das Testlabor für eine neue Weltordnung, die zunehmend auch im Westen Einzug hält – nicht mit Panzern, sondern mit Punkten. Nicht mit Gewalt, sondern mit Algorithmen. Nicht durch Diktatur, sondern durch ein System, das Freiheit simuliert, während es sie abschafft.

Willkommen im Social Credit System – einem Konzept, das einst belächelt wurde, heute aber zum stillen Vorbild für Regierungen, Tech-Konzerne und globale Organisationen geworden ist. Ganz nach dem Prinzip: Verhalten messen, Menschen steuern.

Im chinesischen Social Credit System erhält jeder Bürger eine Art digitales Bewertungskonto. Punkte gibt es für systemkonformes Verhalten: pünktlich zahlen, keine Kritik äußern, fleißig arbeiten, wohlwollende Kommentare in sozialen Netzwerken posten.

Wer sich „gut" verhält, bekommt Vorteile wie z.B.:

- Schnellere Kredite
- Bessere Karrierechancen
- Einfacheren Zugang zu Bildung oder Wohnungen

Wer dagegen negativ auffällt – durch Schulden, abweichende Meinungen, Freundschaft mit "unangepassten" Personen –, verliert Punkte. Und damit:

- Reisefreiheit
- Zugang zu bestimmten Jobs
- Internetgeschwindigkeit
- Vertrauen bei Banken oder Behörden

Das sind nur wenige Beispiele. Die Repressalien sind in ihren Möglichkeiten unendlich. Es ist ein System, das nicht auf Überzeugung setzt, sondern auf Verhaltenssteuerung durch Belohnung und Bestrafung.

Es braucht keine Gefängnisse mehr – es reicht, Menschen digital völlig zu isolieren. Im Grunde ist es nichts anderes, als die pure Sklavenhaltung.

Das chinesische Volk jedoch kennt es kaum noch anders. Über Generationen hinweg hat es sich als normal eingestellt.

Und der Westen schaut aufmerksam zu und lernt, wie man es den westlichen Völkern am besten verkaufen kann. So wird das, was China offen einführt, im Westen versteckt vorbereitet.

Natürlich nicht als „Social Credit System", sondern als:

ESG-Rating (für Unternehmen)

Digitaler CO_2-Fußabdruck

Impfzertifikate

Zensur durch Plattformen

Online-Verhaltensranking

Bonitätsapps mit KI-Scoring

All das sieht ja so harmlos aus – und wird medial sogar noch gefeiert und auf infame Weise den Menschen als etwas Gutes verkauft. Doch im Kern geht es immer um dasselbe. Ein Verhalten wird gemessen, dann bewertet und abschließend belohnt oder sanktioniert und bestraft.

Wer häufig fliegt, wird bald automatisch schlechter bewertet. Wer „kritische Inhalte" teilt, gerät ins algorithmische Abseits. Wer beim nächsten Notstand keine „Solidarität" zeigt, wird digital gekennzeichnet.

Und der perfide Clou: Die meisten Menschen machen ganz freiwillig mit. Denn es geschieht nicht mit Gewalt – sondern mit vermeintlichem Komfort.

Die Bequemlichkeit des Menschen und die Unfähigkeit, kritisch zu hinterfragen und Nein zu sagen, lassen die Menschen ins Verderben rennen.

Und das führt unweigerlich zur 24/7 Kontrolle und wird schleichend zur Normalität. Die Gefahr liegt nicht im System allein – sondern darin, dass es zur für die Masse zur Selbstverständlichkeit wird.

Wer also keine Punkte hat, ist verdächtig. Wer nicht in der App erscheint, existiert nicht. Wer keinen Code vorzeigen kann, ist ausgeschlossen. So wird Freiheit ersetzt durch Zugang. Privatsphäre durch Transparenz. Verantwortung durch Gehorsam.

Und niemand hat Schuld – denn es ist ja „nur Technik". Ein Algorithmus, ein Score, ein Update. Doch hinter jedem Punkt steht eine Entscheidung. Und hinter jeder Entscheidung ein Mensch – oder eine Absicht.

Das chinesische System mag für die globale Elite sehr effizient sein. Aber es ist im höchsten Maße unmenschlich. Es kennt kein Gewissen. Kein Verständnis. Keine Reue. Keinen zweiten Blick. Es kennt nur Zahlen. Und die machen aus Menschen Maschinen. Genau das ist gewollt

Was macht aber den Menschen aus? Was bedeutet Mensch sein? Der Mensch ist unberechenbar. Er ist widersprüchlich. Er ist fragend. Er ist liebend und er ist fehlbar. Und genau darin liegt seine Würde.

Ein System, das das nicht anerkennt, mag verordnete Ordnung bringen – aber niemals Gerechtigkeit. Mag erzwungene Disziplin schaffen – aber keine Seele. Mag totale Kontrolle perfektionieren – aber nie Freiheit bewahren. Wenn wir nicht mit aller uns verfügbaren Macht hier widersprechen, werden wir ganz einfach übernommen.

China mag für viele weit weg erscheinen. Doch das System ist längst hier. Nicht durch Regierung, sondern durch Bequemlichkeit. Nicht durch Diktatur, sondern durch die Zustimmung der Massen. Durch tägliche Akzeptanz von immer mehr digitaler Kontrolle.

Das fängt schon an mit dem so bequemen zahlen mit dem Smartphone oder dem Bezahlen mit Kreditkarte an der Kasse an.

Wer aber wirklich verstanden und verinnerlicht hat, zahlt alles nur mit Bargeld, solange es noch geht. Bis zum letzten Tag.

Wenn das digitale Bezahlen überwiegen verweigert wird, setzt es sich nicht, oder nur sehr langsam durch. Jeder Widerstand ist wichtig.

Wenn wir nicht jetzt beginnen, Freiheit wieder zu verteidigen, indem wir unsere digitale Unabhängigkeit zurückfordern, unsere Verantwortung als Bürger annehmen und den Mut haben, nein zu sagen – dann werden wir bald in einer Welt leben, in der unser Leben nicht mehr von unserem Wesen, sondern von unserem Verhalten abhängt.

Und das wäre das endgültige Ende des freien Menschen. Ein solches Szenario ist dann auch kaum noch umkehrbar. Denn die

Kontrollmechanismen lassen dann kaum noch Lücken zum Ausbruch. Wir hätten eine Welt von zu Sklaven mutierte Massen an Menschen, die nichts menschliches mehr haben.

Kapitel 27

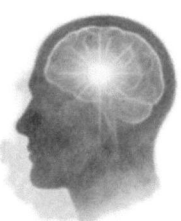

Die Abschaffung des Selbst – Gender, Identität und künstliche Konstruktion

Es beginnt wie immer scheinbar harmlos. Mit Worten wie „Vielfalt", „Identität", „Selbstbestimmung". Es klingt so toll nach Freiheit, nach Toleranz, nach einer Welt, in der jeder sein darf, wie er will. Und wer würde das nicht wollen?

Doch was sich dahinter verbirgt, ist oft genau das Gegenteil. Es ist eine tiefgreifende Umdeutung des Menschen, eine Auflösung seines Wesens, eine systematische Zerstörung von Identität – zugunsten von Konstruktion.

Im Zentrum steht die These: Der Mensch ist nicht, was er ist – er ist, was er sich einbildet zu sein. Biologie? Irrelevant. Kultur? Unterdrückung. Wahrheit? Ein soziales Konstrukt.

Was bleibt, ist ein Wesen ohne Wurzel – formbar, steuerbar, lenkbar. Was früher als Selbstfindung galt, wird heute zur Selbstauflösung. „Ich bin, was ich fühle" wird ersetzt durch: „Ich bin, was ich bin".

Junge Menschen werden mit der Idee aufgezogen, dass ihr Geschlecht nicht angeboren, sondern frei wählbar sei. Dass Identität nicht etwas ist, das entdeckt wird – sondern entworfen. So können sie Mann oder Frau oder beides oder etwas ganz anderes sein.

Die Folgen sind tiefgreifend:

- Sprache wird verändert

- Biologie wird geleugnet

- Familien werden entkernt

- Gesellschaft wird dekonstruiert

Die traditionelle Idee vom Menschen als körperlich-seelisch-geistiges Ganzes wird ersetzt durch Fragmentierung:

- Gender statt Geschlecht

- Queer statt klar

- Fluidität statt Verlässlichkeit

Diese neue Weltsicht verkauft sich als Fortschritt – doch sie zerstört das Fundament von Orientierung, Beziehung, Identität. Die Logik der totalen Selbstdefinition führt in ein Paradox: Wenn jeder alles sein kann, verliert Identität jede Bedeutung.

Das „Ich" wird zu einem flexiblen Container – ständig im Wandel, aber nie in der Tiefe verankert.

Was als Befreiung gefeiert wird, führt zur Entwurzelung. Kinder und Jugendliche wachsen auf mit der Last, sich selbst erfinden zu müssen – ohne Anleitung, ohne Halt, ohne Richtung. Fragen wie „Wer bin ich?" werden nicht mehr beantwortet, sondern zerlegt.

Das Resultat: Verwirrung. Und diese Verwirrung ist kein Kollateralschaden – sie ist Teil des Programms zu dem Zweck und Ziel: ein Mensch ohne Eigenständigkeit

Ein Mensch, der nicht wirklich weiß, wer er ist, ist leichter zu beeinflussen. Wer keine innere Ordnung hat, braucht äußere Struktur. Wer keine Identität findet, greift zu Marken, Ideologien, Gruppenzugehörigkeit. Wer ständig zweifelt, gehorcht lieber als zu hinterfragen.

So wird aus dem denkenden Subjekt ein beeinflussbares Objekt. Ein Ideal für eine Gesellschaft, die den Bürger nicht mehr als Mitgestalter, sondern als Konsumenten, Nutzer, Verwalter will.

Der moderne Mensch soll nicht mehr stark sein – sondern formbar. Nicht verantwortlich – sondern lenkbar. Nicht einzigartig – sondern austauschbar.

Die Auflösung und Zerstörung der Familie als wesentlichem Kern, ist ein ganz wesentlicher und zentraler Schritt der unmenschlichen Ideologie. Ein zentrales Angriffsziel der Umdeutung ist die Familie.

Denn Familie ist der erste Ort von Identität und Zugehörigkeit. Hier wird Verwurzelung erlernt, Unterschiedlichkeit erlebt, Verantwortung geübt.

Doch das moderne Narrativ sieht in der Familie ein Gefährdungspotenzial. Es ist zu traditionell, es ist zu patriarchalisch und zu heteronormativ. Also wird sie ersetzt: durch Kita, durch Schule, durch Betreuung, durch Staat. Nicht das Elternhaus prägt – sondern die Umgebung, das System, die Ideologie.

Der mögliche Weg zurück zur Wahrheit bedeutet, Identität ist kein Konstrukt – sie ist ein Geschenk. Der Mensch hat eine Würde, die ihm niemand geben und niemand nehmen kann.

Ein Mensch ist kein Zufall, kein Konstrukt, kein Produkt seiner Gefühle. Er ist ein Wesen mit Tiefe, mit Aufgabe, mit innerem Sinn.

Wenn wir das vergessen, verlieren wir nicht nur unsere Sprache – wir verlieren unsere Menschlichkeit. Und genau das dürfen wir niemals zulassen.

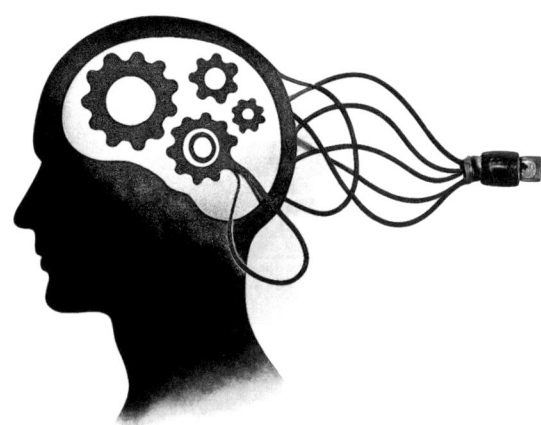

Kapitel 28

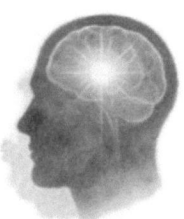

Technokratie statt Demokratie – Wer wirklich regiert

Demokratie – das klingt nach Mitbestimmung, Wahlen, Volksvertretung, Gewaltenteilung.
Ein System, das vom Menschen ausgeht, in dem Macht begrenzt ist, Kritik erlaubt, Verantwortung geteilt.

Doch während wir nach wie vor Parlamente wählen und an Abstimmungen teilnehmen, entsteht hinter der demokratischen Fassade eine neue, kaum gewählte Machtstruktur: die Technokratie.

Nicht mehr gewählte Volksvertreter bestimmen den Kurs – sondern Experten, Gremien, Kommissionen, Algorithmen und internationale Organisationen, die keiner demokratischen Kontrolle unterliegen, aber maßgeblich darüber entscheiden, wie wir leben, denken, handeln dürfen

Technokratie bedeutet: Herrschaft durch „Fachkompetenz".
Klingt vernünftig. Wer will schon Dilettanten an der Macht?

Doch genau hier beginnt das Problem. Denn diese Kompetenz
ist:

- selten unabhängig
- kaum hinterfragbar
- häufig ideologisch eingefärbt
- und vor allem: nicht demokratisch legitimiert

Ein Virologe ersetzt den Volksvertreter. Ein Gremium
entscheidet über Grundrechte. Ein Rechenmodell bestimmt über
deinen Bewegungsradius. Ein Plattform-Algorithmus entscheidet,
welche Meinung sichtbar bleibt.

Die Demokratie wird so ausgehöhlt – nicht durch Gewalt,
sondern durch den sogenannten „Expertenrat".

Die technokratische Ordnung liebt ein Wort besonders:
„alternativlos". Merkel lässt grüßen.

Wenn ein Modell gerechnet wurde, gilt es als Gesetz.
Wenn ein „Konsens" unter Experten hergestellt wurde, ist Kritik
unzulässig. Wenn die Wissenschaft gesprochen hat, wird Politik
zur Exekution.

Doch echte Wissenschaft lebt von Widerspruch.
Echte Politik braucht Alternativen. Echte Freiheit beginnt mit
der Möglichkeit, „nein" zu sagen.

Technokratie aber duldet keinen Widerspruch. Sie verweist auf Zahlen, Modelle, Szenarien – und entmündigt dabei den Bürger.

Während nationale Parlamente streiten und immer mehr kalt gestellt werden, handeln mafiöse Organisationen wie:

- WHO

- WEF

- UN

- Europäische Kommission

- Zentralbanken

- NGO-Netzwerke

- Stiftungen mit Milliardenetats

Diese kriminellen und korrupten Institutionen formulieren Richtlinien, Ziele, Agenden – wie z. B. die Agenda 2030, den Great Reset, oder „Global Health Treaties", die schwerwiegende weltweite Wirkung entfalten, ohne dass ein einziger Wähler je darüber abgestimmt hätte.

So wird Demokratie durch globale Steuerung ersetzt. Nationalstaaten verlieren Einfluss, während transnationale Eliten über Klima, Gesundheit, Bildung, digitale Identitäten und Finanzsysteme entscheiden.

Technokratie funktioniert nur mit Kontrolle – und die geschieht heute digital. Ob Gesundheitsdaten, Bewegungsprofile, Social-Media-Verhalten, Kreditwürdigkeit oder Bildungszugang – alles wird digital erfasst, verarbeitet, bewertet.

Und wer kontrolliert diese Daten?
Nicht Parlamente. Nicht Bürger. Sondern Konzerne,
Plattformen, Behörden – verbunden durch gemeinsame
Interessen. Was als „smarte Zukunft" beworben wird, ist in
Wahrheit ein gigantisches Machtkartell aus Technik, Geld und
Ideologie.

Der Bürger wird zum Nutzer – und die Demokratie zur Fassade.
In der technokratischen Welt ist der Bürger kein Souverän mehr.
Er ist Nutzer. Konsument. Statistik.
Er darf noch wählen – aber nur innerhalb vordefinierter
Optionen. Er darf noch sprechen – solange er dem Algorithmus
nicht widerspricht.

Er darf noch leben – solange er kompatibel bleibt.

So wird Demokratie zur Simulation. Ein einziges Schauspiel, bei
dem die Macht längst woanders liegt.

Der Weg zurück zur Selbstbestimmung könnte aber sein:

Wenn wir die so genannte Demokratie retten wollen, müssen wir
sie neu denken – und mit aller Macht zurückfordern.
Möglicherweise durch:

- Mehr direkte Beteiligung
- Mehr Transparenz über Geldflüsse und Netzwerke
- klare Trennung zwischen Wissenschaft und Politik
- Rückverlagerung der Entscheidungsgewalt zu den
  Menschen, zum Volk

Denn Freiheit beginnt da, wo der Einzelne nicht mehr verwaltet,
sondern gefragt wird. Wo Macht nicht verwaltet, sondern

begrenzt wird. Und wo nicht Experten herrschen – sondern Menschen mit Mut, Herz und Verantwortung.

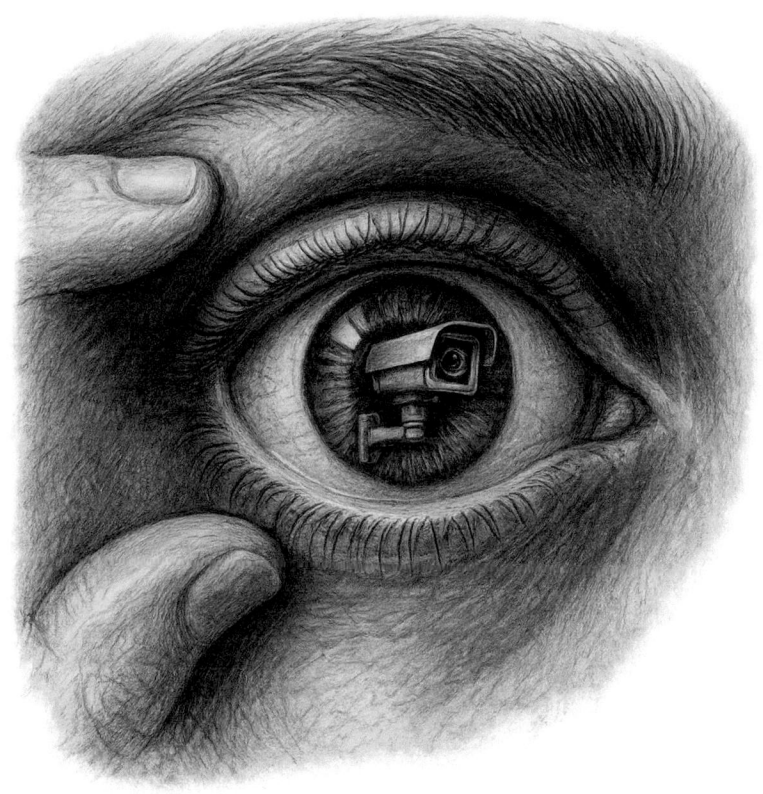

Kapitel 29

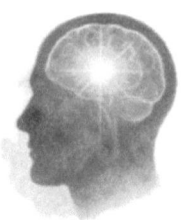

Transhumanismus – Der Mensch als Maschine

Die Geschichte der Menschheit war lange Zeit eine Geschichte des Wachsens: an Herausforderungen, an Reife, an Tiefe.

Doch in der Moderne hat sich ein neues Versprechen breitgemacht – ein radikales, ein technisches, ein scheinbar grenzenloses: Der Mensch soll nicht mehr wachsen – er soll optimiert werden.

Transhumanismus nennt sich diese Denkweise.
Ein Begriff, der harmlos klingt, aber eine der tiefgreifendsten Bedrohungen für die menschliche Würde darstellt.

Denn der Transhumanismus stellt nicht nur die Frage, wie der Mensch besser leben kann –
er stellt die Frage, ob der Mensch so, wie er ist, überhaupt noch gut genug ist.

Das Ideal des überlegenen Menschen

Transhumanisten träumen vom Menschen 2.0:

- genetisch verbessert

- geistig erweitert durch KI

- körperlich perfektioniert durch Implantate

- unsterblich gemacht durch Digitalisierung des Bewusstseins

Visionäre wie Ray Kurzweil, Yuval Noah Harari und Silicon-Valley-Konzerne wie Google, Meta oder OpenAI verfolgen ein Ziel:

Die Verschmelzung von Mensch und Maschine, um den Menschen zu überwinden – und durch eine neue, steuerbare Spezies zu ersetzen.

Was früher Science-Fiction war, ist heute Forschungsrealität:

- Gehirnchips zur Verbindung mit dem Internet
- Künstliche Intelligenzen, die menschliche Emotionen simulieren
- Biometrische Implantate zur Gesundheitskontrolle
- Versuche, Bewusstsein digital zu speichern

Was dabei auf der Strecke bleibt ist klar: das Menschsein selbst.

Es ist schlicht die Abschaffung des Fehlers Mensch – und dessen Freiheit. Der Transhumanismus verspricht Effizienz, Kontrolle, Fortschritt.

Doch all das hat einen Preis: die Einzigartigkeit, die

Verletzlichkeit, die Unvollkommenheit, die den Menschen menschlich macht geht vollkommen verloren.

In der Welt der Maschinen gibt es keinen Platz für:

- Zweifel

- Gefühle

- Reue

- Gnade

- Seele

Denn Maschinen sind programmiert.
Und genau das soll auch der Mensch werden: ein funktionierendes, steuerbares, planbares Wesen – ohne Geheimnis, ohne Tiefe, ohne Eigenwillen.

Doch was wir verlieren, ist unersetzlich:

- Der spontane Gedanke

- Die Intuition

- Die Liebe

- Die Würde

Wer den Menschen zur Maschine macht, kann ihn auch abschalten, wenn er nicht funktioniert. Für die elitären Globalisten ein feuchter Traum. Es ist die Verachtung des Natürlichen.

Die treibenden Kräfte des Transhumanismus sehen im Menschen vor allem eins: ein Mängelwesen.

Es ist zu langsam, zu emotional, es ist zu verletzlich und es ist zu sterblich.

Stattdessen wird das Künstliche entsprechend verherrlicht:

- Künstliche Intelligenz sei effizienter
- Künstliche Körper seien belastbarer
- Künstliche Welten seien angenehmer

Die Realität wird zur Last – ersetzt durch virtuelle Simulationen, synthetische Glücksgefühle, digitale Freundschaften.

Doch kein Chip ersetzt Berührung. Keine App ersetzt Beziehung. Und keine Maschine ersetzt Menschlichkeit.

Die versteckte Ideologie dahinter ist Kontrolle.

Hinter dem Transhumanismus steht kein neutraler Fortschrittsgedanke – sondern eine Ideologie der Beherrschung.

Ein kleiner Kreis von Technik-Eliten entscheidet, wie der neue Mensch aussehen soll, welche Fähigkeiten er braucht, welche Grenzen er überschreiten darf, welche Risiken vertretbar sind. Dem Einzelnen bleibt keine Wahl.

Denn wer sich der Optimierung verweigert, wird zurückgelassen – in Schule, Beruf und Gesellschaft.

Was wie Fortschritt aussieht, ist in Wahrheit ein neuer brutaler Faschismus – diesmal in digitalem Gewand.

Der Mensch ist aber viel mehr als Materie. Der Mensch ist nicht nur Körper – er ist Geist, Herz, Seele. Er ist nicht perfekt – und gerade das macht ihn wertvoll.

Er irrt, er liebt, er leidet, er glaubt und im besten Fall denkt er auch selbst. Und in dieser Tiefe liegt seine Würde.

Transhumanismus will das abschaffen.
Doch wir müssen sagen: **Nein.**

Wir wollen keine perfekte Maschine sein. Wir wollen Menschen bleiben, mit all den Fehlern, mit unserer Sehnsucht und vor allem mit Hoffnung.

Denn nur so kann es eine Zukunft für uns geben, die nicht nur effizient ist – sondern menschlich und lebendig.

Kapitel 30

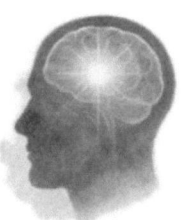

Künstliche Intelligenz, echter Verlust –
Wenn Algorithmen über uns entscheiden

Wir leben im Zeitalter der Algorithmen. Ob wir es merken oder nicht – längst bestimmen künstlich geschaffene Systeme, was wir sehen, woran wir glauben, welche Entscheidungen wir treffen.

Und das meist ohne Transparenz, ohne Verantwortung und ohne Widerspruchsmöglichkeit.

Künstliche Intelligenz (KI) ist dabei nicht mehr nur ein Werkzeug. Sie ist zum Filter der Wirklichkeit geworden – und droht, den Menschen aus dem Zentrum seiner Welt zu verdrängen.

Faszinierend wie sie einerseits sein mag und als technischer Fortschritt gefeiert wird, ist sie in Wahrheit ein stiller, perfider Machtwechsel, vom Menschen zur Maschine und vom Gewissen zum Code. Algorithmen als die unsichtbaren Lenker der Menschheit.

Ob Nachricht, ob Musikvorschlag, ob eine Kaufempfehlung oder Versicherungsentscheidung – überall wirken Algorithmen im Hintergrund. Sie analysieren gnadenlos unsere Daten, unsere Muster, unsere Schwächen – und ziehen daraus Schlüsse, ohne dass wir sie überprüfen können.

Was wir sehen, wird nicht mehr durch unsere Neugier bestimmt – sondern durch Relevanzscores, die auf Klickzahlen und Profilen basieren.

So wird Realität zur Blase, Information wird zur Meinung und Wahrheit zur Wahrscheinlichkeit.

Und der Mensch? Er hält das, was er sieht, für die Welt – ohne zu merken, dass sie längst vorausgewählt, sortiert und gelenkt ist. KI wird das neue Orakel

Früher glaubte man an Götter, dann an Ideologien, heute an Maschinen. Künstliche Intelligenz wird zur Instanz der Letztentscheidung:

- Welche Bewerber bekommt den Job?
- Welches Kind gilt als auffällig?
- Welcher Patient bekommt Therapie?
- Welche Meinung ist „desinformierend"?
- Und vieles mehr

Diese Entscheidungen basieren oft nicht auf objektivem Recht oder Menschlichkeit, sondern auf Datenmodellen, deren Kriterien geheim sind – und deren Urheber sich hinter der Technik verstecken.

„Die Maschine hat entschieden" und wird zur Formel für Verantwortungslosigkeit. Denn man kann einen Algorithmus natürlich nicht verklagen. Man kann ihn nur akzeptieren – oder ausgeschlossen werden.

Künstliche Intelligenz versteht keine Ironie.
Keine Poesie.
Keine Trauer.
Keinen Glauben.
Keine Liebe.

Sie erkennt Muster, aber keine Bedeutung.
Sie simuliert Sprache, aber nicht Sinn.
Sie antwortet, aber sie fragt nie.

Je mehr wir solche Systeme in unseren Alltag integrieren, desto mehr verlieren wir etwas Entscheidendes:
den Raum zwischen den Zeilen.
die Grautöne.
die Intuition.
die Menschlichkeit.

Wenn wir beginnen, Entscheidungen nach Logik und Nutzen allein zu treffen – dann haben wir das verloren, was uns eigentlich ausmacht. Warum der Mensch irren darf – und muss

Fehler gehören zum Menschsein und nicht jeder Irrtum ist eine Schwäche. Oft entsteht aus Zweifeln Wahrheit, aus Widerspruch Fortschritt, aus Scheitern Entwicklung.

Künstliche Intelligenz kennt diesen Prozess nicht.
Sie optimiert, sie glättet und standardisiert.

Aber sie verändert nicht aus sich selbst heraus.
Sie trägt keine Verantwortung. Sie wächst nicht. Sie liebt nicht.

Deshalb dürfen wir niemals zulassen, dass sie über das entscheidet, was zutiefst menschlich ist:

- Bildung

- Gerechtigkeit

- Beziehung

- Wahrheit

- Zukunft

Der Mensch muss im Zentrum bleiben

Technik darf dem Menschen dienen – aber nie den Menschen beherrschen. Algorithmen dürfen unterstützen – aber nie bestimmen. KI darf analysieren – aber nie ersetzen, was nur das Herz versteht.

Wir stehen jetzt an einem Wendepunkt:

Lassen wir zu, dass unsere Welt in Zahlen zerlegt wird?
Oder erkennen wir, dass der Mensch mehr ist – als ein Profil, ein Verhalten, ein Datensatz?

Der echte Verlust durch Künstliche Intelligenz ist nicht technischer Natur. Es ist der Verlust des Vertrauens in uns selbst.

Und genau das gilt es jetzt zu verteidigen.

Kapitel 31

Digitaler Totalitarismus – Kontrolle bis in den letzten Gedanken

Totalitarismus – das war einmal Stacheldraht, Spitzel, Uniform, Zensur. Ein System der sichtbaren Gewalt, das Dissens mit Verhaftung beantwortete und Freiheit mit Verbot.

Doch der Totalitarismus des 21. Jahrhunderts trägt ein anderes Gesicht. Er kommt nicht mit Stiefeln, sondern mit Smartphones. Nicht mit Parteibuch, sondern mit Plattform-AGB. Nicht mit Drohungen, sondern mit digitaler Sanftheit – effizient, leise, allumfassend.

Er ist der digitale Totalitarismus – eine Herrschaftsform, in der der Mensch nicht mehr durch Gewalt gefügig gemacht wird, sondern durch Überwachung, Datenanalyse und algorithmische Steuerung.

Und in der am Ende nicht nur das Verhalten, sondern auch das Denken selbst kontrolliert wird. Eine schon fast unsichtbare Kontrolle.

Der digitale Totalitarismus braucht keine Gefängnisse. Denn das Gefängnis ist überall – in der Tasche, auf dem Bildschirm, im Netzwerk.

Jeder Klick, jede Suche, jedes „Gefällt mir", jede Kontaktliste und jede Standortfreigabe wird gespeichert, analysiert und bewertet. Man weiß, wo du warst.

Man weiß, was du denkst.

Und bald – mit Hilfe künstlicher Intelligenz – wird man wissen, was du wahrscheinlich als Nächstes denken wirst.

Das ist keine Zukunftsvision – das ist bereits jetzt Realität. Nicht überall in gleicher Form, aber flächendeckend vorbereitet und legalisiert. Die Verschmelzung von Staat, Wirtschaft und Plattform.

Was früher getrennt war – Staat, Markt, Medien – verschmilzt heute zu einem neuen Machtkomplex:

- Der Staat schafft den rechtlichen Rahmen und kontrolliert die Narrative
- Die Konzerne liefern die Technik, die Plattformen, die Daten
- Die Medien sorgen für die Deutungshoheit und die „richtige" Meinung

Und wer ausschert, verliert Reichweite , wer widerspricht, wird gemeldet. Wer kritisch fragt, wird sanktioniert – nicht direkt, aber wirksam:

- durch digitale Unsichtbarkeit
- durch „Fact-Checking"
- durch algorithmisches Abstrafen
- durch soziale Ächtung

So entsteht ein System, das keine sichtbaren Verbote braucht, weil der Einzelne sich schon selbst zensiert – aus Angst, oder aus Gewohnheit und aus Einsamkeit.

Früher wurden Bücher verbrannt. Heute könnte man sagen, werden Inhalte „moderiert". Früher wurden Reden unterbrochen, heute wird dein Konto gesperrt.

Früher konntest du sagen, was du denkst. Heute darfst du es – aber du weißt, wer es liest, wer es speichert und wer es bewertet und eventuell bestraft.

Das verändert natürlich die Sprache. Und wo Sprache stirbt, stirbt auch das Denken. Denn der Mensch denkt in Worten.

Wenn gewisse Begriffe nicht mehr erlaubt sind – dann sind eben auch bestimmte Gedanken nicht mehr erlaubt.

So entsteht eine neue Form von Kontrolle. Es ist die Kontrolle über das Sagbare – und damit über das Denkbare.

Der digitale Totalitarismus ist total – weil er keine Nischen mehr zulässt.

Er kontrolliert erbarmungslos:

- Was du liest
- Was du kaufst
- Wen du triffst
- Wie du dich fortbewegst
- Wie du dich fühlst
- In Zukunft vielleicht was du träumst

So wird alles messbar, alles wird verwertbar und alles wird kontrollierbar.

Und was ist mit Dir? Du wirst zur Datei, zur Akte und zur Nummer. Du wirst zum Verhalten, zum Risikofaktor und zur Belohnungseinheit.

Gibt es denn überhaupt einen letzten Ort der Freiheit?

Ja, es gibt einen Ort der Freiheit, den der digitale Totalitarismus nur dann erobern kann, wenn wir ihn aufgeben.

Und das ist Dein innerer Raum. Es ist Dein Gewissen, Deine Seele und es ist Dein unabhängiges Denken.

Solange du dir das alles bewahrst – bist du auch frei. Vielleicht nicht äußerlich sichtbar, aber dafür innerlich fest verankert.

Und diese deine innere Freiheit kann der Beginn einer neuen Welt sein – einer, in der der Mensch nicht einfach Algorithmus, sondern eben Wahrheit und Mensch ist.

Denn auch in Zeiten totaler Kontrolle gilt frei nach Hoffmann von Fallersleben:

"Die Gedanken sind frei"

Und ein freier Gedanke ist stärker als jede Plattform.

Kapitel 32

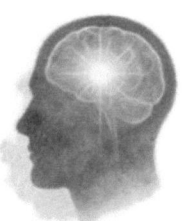

Die Entwurzelung der Jugend –
Bindungslos, glaubenslos, zukunftslos?

Die Jugend ist das Versprechen auf Zukunft. Sie steht für
Aufbruch, Kreativität, Neugier, Entwicklung. Doch was
geschieht, wenn diese Jugend plötzlich innerlich leer bleibt?

Wenn sie in einer Welt aufwächst, die ihr keine Richtung mehr
gibt – sondern nur Reiz, nur Zweifel, nur Unsicherheit?

Wir erleben heute eine Generation, die äußerlich alles hat –
und doch in sich oft verloren, überfordert, entwurzelt ist.
Eine Jugend, die nach Sinn sucht – aber statt echter Orientierung
nur Narrative, Ideologien und digitale Ersatzwelten erhält.

Die große Frage ist: Was nehmen wir dieser Generation – wenn
wir ihr alles „erlauben", aber nichts mehr zutrauen?

Immer mehr Kinder wachsen in Umgebungen auf, in denen es
zwar Betreuungsangebote, Förderprogramme und digitale

Endgeräte gibt – aber keine echten Bindungen, keine klaren Werte, keine verlässlichen Bezugspersonen.

- Familienstrukturen zerfallen

- Lehrer werden zu Sozialmanagern

- Erziehung wird delegiert – an Institutionen, Algorithmen, Zeitgeist

Kinder bekommen keine Wurzeln mehr – sondern Flügel, die keine Richtung kennen. Sie schwimmen orientierungslos durch ihr Leben, wie ein Boot ohne Kiel.

Sie lernen früh, dass alles relativ ist, dass es keine Wahrheit gibt, keine Geschlechter, keine Grenzen und keine Normen.

Doch wer alles darf, weiß bald nicht mehr, was er will.

Diese junge Generation ist umgeben von allem – aber verbunden mit fast nichts außer totaler Verwirrung und Unsicherheit.

Sie kennt 100 Gender und Tausend Meinungen, sie kennt vielleicht Millionen Influencer, aber kaum noch Väter, Mütter, Lehrer, Seelsorger und echte Vorbilder.

Sie scrollt durch das Leben, statt es zu begreifen. Sie chattet, statt zu sprechen, Sie „matched", statt zu lieben.

Sie „funktioniert", statt zu fühlen.

Und sie fragt sich: Wer bin ich? Was zählt? Wofür lohnt es sich zu kämpfen?

Doch sie bekommt keine Antwort – sondern ein Emoji. Das allein ist bereits ein unmenschlicher Zustand der heutigen jungen Generation.

Einst gaben Familie und Kultur dem Menschen Identität. Heute gelten diese Quellen als rückständig, patriarchalisch, problematisch und rechtsextrem. Wie krank ist das?

Der Glaube wird ersetzt durch Achtsamkeits-Apps, die Familie wird durch Kita-Systeme ersetzt, die Heimat durch Mobilität und die Werte durch puren Aktivismus

Doch ohne tiefere Wurzeln wird der Mensch zum Spielball seiner Umgebung. Er reagiert – aber er lebt nicht mehr aus sich heraus.

Was zurückbleibt, ist eine innere Leere.

Ein Suchen ohne Ziel. Eine Offenheit, die alles zulässt – aber nichts mehr hält.

Die Folgen sind verheerend: Es führt zu Depression, zu Wut und zu, Lähmung. Nie waren psychische Erkrankungen bei Jugendlichen so hoch wie heute. Nie war die Zahl an Selbstverletzungen, Angsten, Orientierungslosigkeit so erschütternd. Nie war die Sehnsucht nach Zugehörigkeit, Wahrheit und Identität so groß.

Diese Generation schreit – nicht laut, aber durch ihr Verhalten.

Sie fordert Grenzen – aber bekommt Beliebigkeit.
Sie braucht Vorbilder – aber erhält Influencer.
Sie sucht Halt – aber findet nur Meinungen.

Das Ergebnis ist eine Jugend, die zukunftslos zu werden droht, nicht aus Mangel an Talent, sondern aus Mangel an geistiger Nahrung.

Was diese Generation wirklich braucht, ist sofortige Unterstützung durch aufgeweckte, selbst denkende Menschen.

Diese Generation braucht nicht mehr Kontrolle – sondern echte Beziehung. Sie braucht nicht mehr Erklärungen – sondern Wahrhaftigkeit. Sie braucht nicht mehr Freiheit – sondern Verantwortung.

Jugend braucht:

- Eltern, die da sind
- Lehrer, die führen
- Werte, die tragen
- Glaube, der verbindet
- Mut, der inspiriert

Sie braucht nicht die nächste App – sondern den nächsten Erwachsenen, der ihr in die Augen schaut und sagt:

Du bist gewollt. Du bist fähig. Du bist wichtig und Du hast eine Aufgabe.

Kapitel 33

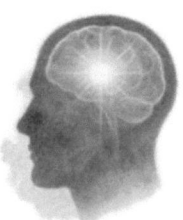

Widerstand beginnt im Kopf – Wege in die geistige Unabhängigkeit

Man kann einem Menschen vieles nehmen. Seinen Besitz, seine Bewegungsfreiheit, seine Sicherheit oder seinen Status.
Doch eines bleibt – bis zum letzten Moment: Der freie Gedanke.

Und genau dort, in diesem innersten Raum des Menschen, beginnt der wahre Widerstand. Nicht mit Gewalt oder mit Parolen. Und auch nicht mit bloßem Trotz.

Sondern mit dem Mut, anders zu denken, sich zu entziehen und sich zu erinnern an das, was wirklich zählt.

In einer Zeit der permanenten Ablenkung, der digitalen Dauerüberwachung, der moralischen Erpressung und der künstlichen Realität ist es ein Akt der Revolution, den eigenen Verstand zurückzuerobern.

Was bedeutet denn geistige Unabhängigkeit?

Geistige Unabhängigkeit heißt nicht, einfach gegen alles zu sein. Sie heißt vielmehr, nicht alles zu glauben. Nicht alles zu übernehmen, was populär ist und nicht reflexartig zu reagieren, sondern innezuhalten, zu prüfen und zu spüren.

Geistige Unabhängigkeit bedeutet kritikfähig bleiben, seine Sprache bewusst verwenden und die Wahrheit suchen, auch wenn sie unbequem ist. Werte zu leben, auch wenn sie nicht „modern" sind.

Geistige Freiheit ist die Fähigkeit, sich selbst zu gehören, auch wenn die ganze Welt einem etwas anderes aufdrängen will. So kann der stille Rückzug aus dem System funktionieren. Denn Widerstand muss nicht laut sein.

Er beginnt oft leise – in Entscheidungen, die keiner sieht:

Ich wähle bewusst, wo ich kaufe, ich spreche, auch wenn andere schweigen, ich lasse mein Kind nicht ideologisch verbiegen, ich lese, statt nur zu scrollen, ich lebe, statt nur zu konsumieren, ich lache, wo andere hetzen und ich bete, wo andere verzweifeln. Das ist Widerstand.

Nicht gegen Menschen – sondern gegen ein System, das den Menschen entmenschlicht und versucht vollständig zu kontrollieren.

Ein möglicher Weg ist als Gemeinschaft zu agieren, statt mit stumpfer Anpassung. Der geistig freie Mensch bleibt nicht allein. Er sucht andere, die denken, fühlen und hoffen – wie er selbst.

Nicht im Gleichschritt, aber im gleichen Geist und nicht aus Konformität, sondern aus Wahrheit.

Daraus entstehen eine echte Gemeinschaft und echte Verbundenheit. Eben nicht digital – sondern im Herzen, im direkten Blick und Gespräch.

Diese Gemeinschaft ist die Keimzelle jeder Veränderung. Denn sie gibt Mut, wo Angst herrscht. Sie gibt Vertrauen, wo Kontrolle regiert, sie gibt Sinn, wo Leere droht.

Es braucht einfach den Mut zur eigenen Stimme. Die Welt braucht heute keine perfekten Menschen. Sie braucht echte Menschen mit all ihren Fehlern und mit Fragen. Mit Mut und Rückgrat.

Es braucht Menschen, die sich nicht kaufen lassen. Menschen, die sich nicht programmieren und nicht zum Schweigen bringen lassen.

Es ist allerhöchste Zeit, jetzt aufzustehen – nicht zunächst im Außen, sondern im Innern.

Zu sagen: Ich denke selbst, ich glaube, was ich geprüft habe. Ich handle, weil ich selbst Verantwortung trage und nicht, weil man es von mir verlangt. Unsere Zukunft beginnt im Bewusstsein. Geistige Unabhängigkeit ist kein Luxus. Sie ist die Grundlage jeder echten Freiheit.

Denn bevor ein Mensch sich bewegt, muss er erkennen. Bevor er kämpft, muss er verstehen und bevor er führt, muss er sich selbst gehören.

Diese geistige Souveränität kann uns niemand schenken – aber auch niemand nehmen, wenn wir sie einmal erkannt und verinnerlicht haben.

Deshalb: Sei wach, sei still und sei klar. Denke, fühle und handle.

Befreie Dich von immer mehr Kontrolle, von dem Maulkorb und beuge Dich nicht den Narrativen.

Denn der neue Mensch beginnt nicht im System – **sondern in dir.**

Kapitel 34

Die finanziellen Folgen des Angriffs auf unsere Zukunft – Kontrolle, digitale Währungen und schleichende Enteignung

Der Angriff auf unsere Zukunft ist nicht nur ein Angriff auf den Geist, die Kultur, die Sprache oder die Freiheit der Meinung. Es ist vor allem auch ein Angriff auf unsere wirtschaftliche Selbstbestimmung – auf unser Geld, unser Eigentum, unsere finanzielle Sicherheit.

Denn wer die materielle Grundlage des Einzelnen kontrolliert, kontrolliert sein Leben. Finanzielle Freiheit war schon immer die stille Grundlage jeder politischen Freiheit.
Doch diese Freiheit ist heute mehr denn je bedroht – schleichend, systematisch, global.

Bargeld ist das letzte Bollwerk gegen die totale Überwachung. Unser Bargeld ist eines der letzten Mittel echter Anonymität. Es ist der vielleicht bedeutendste Ausdruck von Selbstbestimmung im Wirtschaftsleben.

Wer mit Bargeld bezahlt, ist nicht nachvollziehbar. Er handelt frei und ist es im wahren Sinn des Wortes.

Doch genau diese Freiheit ist denjenigen ein Dorn im Auge, die an einer totalen Kontrolle des Einzelnen interessiert sind. Staatliche Akteure, internationale Organisationen und

Technokraten sehen im Bargeld ein Relikt vergangener Zeiten – unbequem, nicht kontrollierbar, gefährlich für „die Sicherheit".

Seit Jahren nimmt der Druck auf das Bargeld zu:

- Begrenzungen bei Bargeldzahlungen
- Argumente wie Geldwäschebekämpfung, Terrorismusfinanzierung
- Einschränkungen bei Bargeldabhebungen
- Förderung von Kartenzahlungen, digitalen Wallets, kontaktlosem Bezahlen

Das Ziel ist klar: **Das Bargeld soll verschwinden – um Platz für den digitalen Zahlungsverkehr zu machen.**

Die Einführung des digitalen Euro durch die Europäische Zentralbank wird gerne als Fortschritt verkauft. Bequemlichkeit, Schnelligkeit, Effizienz – das sind die Schlagworte, mit denen der digitale Euro beworben wird.

Doch was hier entsteht, ist viel mehr als ein neues Zahlungsmittel:

Es ist der Schlüssel zur vollständigen Überwachung und Steuerung der Bevölkerung. Denn ein digitaler Euro kann – im Gegensatz zu Bargeld – jederzeit:

- nachverfolgt werden
- blockiert werden
- mit Bedingungen versehen werden
- gelöscht oder abgewertet werden

Es ist nicht schwer, sich vorzustellen, wie diese Kontrolle eingesetzt werden könnte:

- Wer sich nicht impfen lässt, erhält keinen Zugang zu bestimmten Dienstleistungen

- Wer „falsche" Meinungen äußert, wird eingeschränkt

- Wer „zu viel" CO_2 verbraucht, bekommt sein Budget gekürzt

Ein solches System könnte zu einer totalen finanziellen Disziplinierung der Menschen führen – unter dem Deckmantel von „Sicherheit" und „Gemeinwohl".

Die Chinesen machen es vor: Das Social Credit System verknüpft Sozialverhalten, Meinung, Gehorsam mit finanziellen Anreizen und Strafen.
Der digitale Euro könnte zu einem vergleichbaren Werkzeug werden – in westlichem Gewand.

In Deutschland und der EU ist die finanzielle Kontrolle längst institutionalisiert: Die neue Anti-Geldwäsche-Behörde AMLA (Anti-Money Laundering Authority) ist nicht nur ein weiteres Bürokratiemonster. AMLA ist der europäische Finanzblockwart

Sie ist ein zentrales Element einer europaweiten finanziellen Überwachung – mit sehr weitreichenden Befugnissen.

Unter dem Vorwand, Geldwäsche und Terrorismusfinanzierung zu bekämpfen, wird ein System geschaffen, das:

- sämtliche Finanztransaktionen registriert

- ungewöhnliche Muster überwacht

- Berichte von Banken, Zahlungsdienstleistern, Kryptoplattformen sammelt

- Verdachtsmeldungen zentral auswertet und koordiniert

Die AMLA wird die Macht haben, Kontinent übergreifend Finanzströme zu überwachen und einzufrieren.
Damit entsteht ein Netz der finanziellen Überwachung, das kaum noch Schlupflöcher lässt.

Und was heute mit Terrorismus oder Steuerhinterziehung begründet wird, kann morgen auch für die „falschen" politischen oder gesellschaftlichen Überzeugungen gelten. Die Versuchung dafür ist nicht nur sehr groß, es wurden bereits derartige Ankündigungen gemacht.

Die Enteignung kommt auf leisen Sohlen und unser Vermögen ist in größter Gefahr. Doch die finanzielle Kontrolle endet nicht bei Überwachung und Steuerung.
Sie bereitet den Boden für etwas, das noch fundamentaler ist: Die schleichende Enteignung des privaten Vermögens.

Schon heute gibt es immer wieder Forderungen nach:

- Zwangsabgaben auf Immobilienbesitz

- Vermögenssteuern auf hohe Guthaben

- Enteignung „ungenutzten" Eigentums zur Erreichung von Klimazielen

- Erhöhung der Erbschaftssteuern

- Kapitalverkehrskontrollen zur Vermeidung von Kapitalflucht

Das alles geschieht unter wohlklingenden Begriffen wie:

- „soziale Gerechtigkeit"

- „Verteilungsgerechtigkeit"

- „Klima-Notwendigkeit"

Doch in Wahrheit geht es um die Schwächung des Individuums – und die Stärkung des Staates, der supranationalen Institutionen und der Konzerne.

Wer sein Eigentum nicht mehr schützen kann, wird erpressbar. Und wer erpressbar ist, verliert seine Freiheit. So einfach ist das. Aber wie kann es weitergehen, was wir tun können

Die Einführung des digitalen Euro, die europaweite Finanzüberwachung durch AMLA, die Abschaffung des Bargelds, Vermögensabgaben und Enteignungsfantasien – all das sind keine hypothetischen Szenarien, sondern Entwicklungen, die jetzt bereits in Gang sind.

Doch sie beruhen auf einem entscheidenden Faktor: Der Zustimmung oder Gleichgültigkeit der Menschen.

Solange die Menschen mitmachen, solange sie ihre Kontrolle aus der Hand geben, solange sie alles hinnehmen, werden diese Systeme weiterwachsen.

Doch es gibt auch Wege aus der Falle, die helfen, wenn so viele Menschen wie möglich sie gehen:

1. Bargeld nutzen und verteidigen
   → Je mehr Menschen Bargeld verwenden, desto schwieriger ist dessen Abschaffung.

2. Regionale Wirtschaft fördern
   → Lokale Produkte, regionale Netzwerke stärken das echte Wirtschaften.

3. Dezentralität unterstützen
   → Kryptowährungen, alternative Finanzsysteme und Tauschsysteme außerhalb der Großbanken nutzen.

4. Eigentum sichern
   → Immobilien, Sachwerte, Edelmetalle – Werte, die nicht beliebig steuerbar sind.

5. Wissen teilen
   → Aufklären, informieren, hinterfragen. Finanzielle Bildung ist ein Schlüssel zur Selbstbestimmung:

Das Geld ist Freiheit nur dann, wenn es uns gehört

Der Angriff auf unsere finanzielle Selbstbestimmung ist einer der gefährlichsten Angriffe auf unsere Freiheit.
Denn wer unser Geld kontrolliert, kontrolliert alles.

Nämlich unser gesamtes Leben.

Doch es liegt an uns, diese Kontrolle nicht kampflos abzugeben. Es liegt an jedem Einzelnen von uns!Indem wir wachsam bleiben, Alternativen schaffen, lokale Strukturen stärken, Bargeld verteidigen und uns vernetzen, können wir dem System die Stirn bieten.Es geht ja nicht nur um Geld. Es geht um Würde, Freiheit und Selbstbestimmung.

Und diese Werte sind jeden Preis wert. Kämpfen für unsere Freiheit, kämpfen für unsere Zukunft und die unserer Kinder!

Epilog

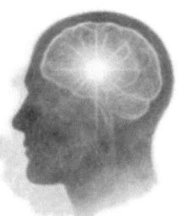

Die Zukunft beginnt in dir - jetzt

Vielleicht war es nie leicht, ein aufrechter Mensch zu sein.
Vielleicht war es schon immer schwer, klar zu sehen und
trotzdem weiterzugehen. Doch selten war es so notwendig wie
heute.

Denn wir leben in einer Zeit, in der Orientierung sehr rar ist,
Wahrhaftigkeit selten – und der Preis für Integrität hoch. Und
doch gibt es keinen anderen Weg.

Wer nicht in der Lüge leben will, muss bereit sein, auf
Bequemlichkeit zu verzichten. Wer frei bleiben will, wird
anecken. Wer wahrhaftig lebt, wird Widerspruch ernten. Aber
genau dort beginnt Wandel. Veränderung entsteht nicht aus
großen Reden oder internationalen Konferenzen.

Sie beginnt dort, wo ein Mensch still in sich geht und sagt: Ich
mache da nicht mehr mit.

Es ist diese Entscheidung, die leise geschieht, oft im Verborgenen, ohne Applaus – und doch mehr verändert, als jede Agenda es je könnte. Denn nichts ist machtvoller als ein Mensch, der innerlich klar geworden ist. Die Welt mag sich rasant verändern. Systeme mögen fallen und neue entstehen. Narrative mögen kommen und gehen. Doch was bleibt, ist der einzelne Mensch – mit seiner Würde, seinem Gewissen, seinem inneren Licht.

Diese Kraft, so still sie auch sein mag, kann Berge versetzen. Sie kann Wahrheit sprechen, wo andere schweigen. Sie kann Liebe geben, wo andere urteilen. Sie kann einen Raum schaffen, in dem wieder Menschsein möglich ist. Dieses Buch war kein Aufruf zum Widerstand im Äußeren – sondern zur Klarheit im Inneren.

Wir haben zusammen eine Reise unternommen – durch Systeme und Strukturen, durch Ideologien, Kontrollmechanismen, Medienrealitäten, durch das Sichtbare und das Verborgene. Kapitel für Kapitel haben wir die Schleier gelüftet, unter denen sich eine neue Art der Machtausübung formiert: leise, digital, moralisch verkleidet – und tiefgreifend.

Es war eine Reise durch unsere Gegenwart – aber auch ein Blick in eine Zukunft, die nicht sein muss, aber sein könnte, wenn wir nicht wachsam sind.

Denn das, was sich heute weltweit abzeichnet – in Politik, Kultur, Technologie, Bildung, Gesundheit und Gesellschaft –, ist mehr als nur ein Wandel.
Es ist ein Angriff auf das Menschsein selbst: auf seine Freiheit, seine Würde, seine Verwurzelung, seine Seele.

Der Mensch befindet sich im Fadenkreuz einer globalen Umformung.

Die Kapitel über Digitalisierung, Transhumanismus, technokratische Steuerung und künstliche Intelligenz haben gezeigt, wie tiefgreifend unser Denken, Fühlen und Handeln inzwischen durch Algorithmen, Programme und Plattformen beeinflusst wird – oft unbewusst, meist ungewollt, aber stetig und effektiv.

Was früher Diktatur nannte, zeigt sich heute smart, modern und scheinbar hilfreich und wird heute Demokratie genannt – doch in Wahrheit geht es um dasselbe: **Kontrolle**.

Nicht mehr durch Gewalt, sondern durch Anreize.
Nicht mehr durch Verhöre, sondern durch Likes.
Nicht mehr durch Gefängnisse, sondern durch Social Credit, durch digitale Identität, durch moralischen Druck.

Es ist die große Umerziehung – nicht durch Befehl, sondern durch Gewöhnung. Die Pandemie diente als Brennglas.

Corona war ein Wendepunkt. Nicht wegen des Virus – sondern wegen des Umgangs damit.
Was sich dort in kürzester Zeit offenbarte, war ein Modell der Zukunft:

- Gehorsam statt Hinterfragen

- Ausgrenzung statt Dialog

- Angst statt Aufklärung

- Kontrolle statt Vertrauen

Die Gesellschaft wurde gespalten – bewusst. Und viele, viel zu viele haben mitgemacht.
Nicht aus Böswilligkeit, sondern weil sie überzeugt waren, das Richtige zu tun. Manipuliert, betrogen angelogen.
Denn das Richtige wurde nicht mehr durch Wahrheit definiert – sondern durch politische Agenda.

Dieser Mechanismus ist geblieben – er hat sich verfeinert. Was mit Lockdowns begann, wird jetzt fortan mit Klima, Gesundheit, Sprache und „Haltung" fortgeführt.

Erschütternd sind die Folgen bei den Jüngsten. Sie werden groß in einer Welt, die alles offenlässt, aber nichts mehr klärt. Eine Welt, in der Bindung, Glaube, Familie, Tradition, sogar Biologie relativiert – und durch Ideologie ersetzt werden.

Eine Jugend, die alles darf, aber nicht weiß, wer sie ist.
Eine Generation, die nach Wahrheit sucht – und nur Antworten auf Zeit bekommt. Doch wer keine Wurzeln hat, kann auch keine Richtung finden. Und wer keine Richtung hat, wird gesteuert.

Was bleibt, ist der Einzelne – und seine Entscheidung

Es wäre leicht, am Ende dieses Buches in Resignation zu verfallen. Denn das Ausmaß der Manipulation, der Einfluss globaler Netzwerke, die Macht digitaler Systeme und die Gleichschaltung der Narrative sind beängstigend.

Doch genau hier liegt der entscheidende Punkt. Erkenne es – und du bist nicht mehr machtlos.

Denn jede Erkenntnis ist ein Licht. Und jedes Licht vertreibt Dunkelheit.

Der Einzelne kann nicht die Welt ändern – aber er kann sich ändern. Und indem er sich ändert, wird er wirksam.

Wenn du dich dem System verweigerst, das dich entmündigen will, wenn du den Mut hast, unbequeme Fragen zu stellen, wenn du wieder beginnst, mit deinem eigenen Verstand zu denken – dann bist du bereits frei.

Am Ende steht keine Ideologie, kein Programm, kein Konzept. Am Ende steht der Mensch.

- Der, der liebt, obwohl es weh tut.
- Der, der aufsteht, obwohl er müde ist.
- Der, der schweigt, wenn andere hetzen.
- Der, der spricht, wenn es Mut braucht.
- Der, der sein Kind in den Arm nimmt, statt es zu digitalisieren.
- Der, der in sich spürt, dass da mehr ist – und sich auf den Weg macht.

Es ist der freie, wache, bewusste Mensch, den dieses System fürchtet – weil er nicht mehr steuerbar ist.

Und nun?

Wenn du dieses Buch bis hierher aufmerksam gelesen hast, dann hast du bereits begonnen, dich zu lösen. Du hast hinter die

Kulissen geschaut. Du hast Muster erkannt, Verbindungen gesehen, Sprache entschlüsselt.

Jetzt liegt es an dir.

Du musst kein Held sein. Aber du kannst ein Zeichen sein – für deine Kinder, deine Nachbarn, dein Umfeld.

Werde ruhig, aber unbeugsam.

Werde klar, aber liebevoll.

Werde unabhängig, aber verbunden mit dem, was wahr ist.

Denn die Zukunft – sie beginnt nicht morgen.
Sie beginnt jetzt. Sie beginnt nicht irgendwo. Sie beginnt in dir.

Dieses Buch will DICH ermutigen und erinnern:

Du bist nicht ohnmächtig. Du bist nicht ausgeliefert. Du bist nicht allein. Habe keine Angst. Du bist stark. In dir liegt etwas, das größer ist als jede Angst, tiefer als jede Lüge, beständiger als jede Mode. Es ist Deine innere Wahrheit.

Und wenn genug Menschen sich daran erinnern – still, aber wirklich entschlossen – dann entsteht eine neue Welt.

Nicht perfekt. Aber echt und wieder menschlich.

Möge sie mit DIR heute und JETZT beginnen.

**Dein größtes Glück ist immer
auf der anderen Seite der Angst**

Will Smith

Weitere Publikationen von Jörns Bühner sind:

Der Cholesterin-Schwindel

Wie Medikamente und Mythen unsere Gesundheit gefährden

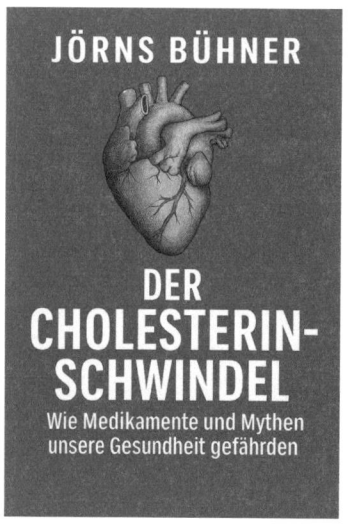

Cholesterin – seit Jahrzehnten als gefährlicher Feind unserer Gesundheit verteufelt. Doch was, wenn alles ganz anders ist? In *„Der Cholesterin-Schwindel"* deckt Jörns Bühner auf, wie ein medizinischer Irrtum zur Milliardenindustrie wurde – und warum Millionen Menschen unnötig Medikamente einnehmen, die mehr Schaden als Nutzen bringen. Dieses Buch hinterfragt sehr kritisch die gängigen Empfehlungen der Pharmaindustrie und Schulmedizin, beleuchtet neueste wissenschaftliche Erkenntnisse und zeigt auf, wie Cholesterin tatsächlich im Körper wirkt – lebenswichtig statt lebensgefährlich. Ein aufrüttelndes Sachbuch für alle, die Gesundheit endlich selbst in die Hand nehmen wollen – fundiert, mutig und hochaktuell.

228 Seiten
BoD
ISBN: 9783819265174
€ 22,70

Im Würgegriff der Klima-Agenda

Der CO2 Schwindel
Der zweite Angriff auf die Menschheit

Dieses Buch ist keine Klimaleugnung, sondern ein wahrer Befreiungsschlag. Ein tiefgründiger, mutiger und radikal ehrlicher Blick hinter die Fassade der Klima-Ideologie. Es zeigt auf, wer wirklich profitiert, wer manipuliert und wer zahlt. Es analysiert faktenbasiert, erzählt fesselnd und spricht aus, was andere nicht einmal zu denken wagen. Kurzweilig, prägnant, klar, ehrlich und ohne Zensur. Eines der wichtigsten Bücher der Gegenwart. Unsere aller Freiheit ist massiv bedroht. Wer dieses Buch, vollgespickt mit Fakten, Quellangaben basiert, gelesen hat, hat noch beste Chancen, sich dem drohenden Klimawahn und den sozialistischen Ideologien zu entziehen.

152 Seiten
BoD
ISBN: 9783769351798
€ 22,70

Die Fiat Falle

Wie das Geldsystem die Welt versklavt und warum Bitcoin der einzige Ausweg ist

Die Fiat-Falle ist ein Blick hinter den Vorhang des globalen Geldsystems. Schonungslos, mutig, offen und befreiend mit Lösungsansätzen. Warum wird unser Geld jeden Tag weniger wert? Wer zieht im Hintergrund die Fäden? Warum kollabiert unser Geldsystem? Warum werden die meisten Menschen alles verlieren. Und warum wird gerade Bitcoin so heftig bekämpft? Die Fiat-Falle ist das Buch für alle, die aufwachen und hinsehen wollen. Und die wirklich bereit sind, selbst Verantwortung für ihre finanzielle Zukunft und Freiheit zu übernehmen.

168 Seiten
BoD
ISBN: 9783819229589
€ 22,70

WHO - Droht uns die globale Diktatur?

Die WHO, der globale Pakt und das Ende nationaler Selbstbestimmung

Was passiert, wenn eine Gesundheitsorganisation beginnt, weltweit Politik zu machen? Wenn Empfehlungen zu Anweisungen werden - und demokratisch gewählte Regierungen in den Schatten treten?

Dieses Buch deckt auf, was viele vielleicht längst ahnen, aber kaum jemand aussprechen darf: Die WHO ist längst nicht mehr nur eine beratende Behörde. Hinter ihrer Fassade wirken einflussreiche Stiftungen, mächtige Geldgeber und internationale Netzwerke, die in Krisenzeiten mehr entscheiden als nationale Parlamente.

120 Seiten
BoD
ISBN 9783819212451
€ 22,70

Pharma. Macht. Tod.

Wie Konzerne Krankheiten erfinden, Studien fälschen und Leben gefährden. Die größten Gesundheitslügen unserer Zeit

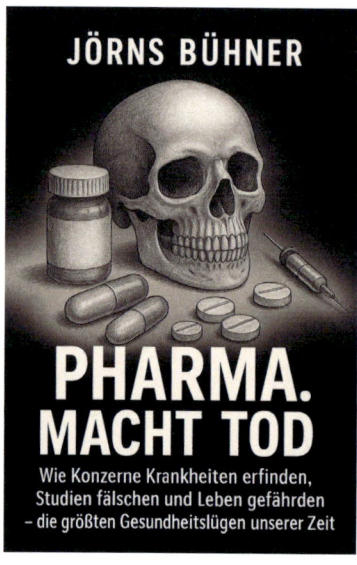

Dieses kritische Sachbuch deckt die dunklen Seiten der globalen Pharmaindustrie auf: von manipulierten Studien über erfundene Krankheiten bis hin zu skrupellosen Pharmaskandalen, die Menschenleben kosten. Big Pharma, unterstützt durch Politik, Medien und willfährige Zulassungsbehörden, hat sich ein milliardenschweres Geschäftsmodell geschaffen – auf dem Rücken von Patienten und unter dem Deckmantel der Wissenschaft.

184 Seiten
BoD
ISBN 9783819265198
€ 22,70

Kein Bargeld - kein Leben?

**Was wir verlieren, wenn das Bargeld verschwindet und
warum wir jetzt sofort handeln müssen**

Was passiert, wenn das Bargeld
verschwindet?
Digitale Zahlung klingt bequem,
aber der Preis dafür ist unsere
Freiheit. Was als Fortschritt
verkauft wird, ist in Wahrheit der
schleichende Umbau unserer
Gesellschaft. Wenn Bargeld
verschwindet, verschwindet auch
ein Stück unserer
Selbstbestimmung. Jeder Einkauf
wird registriert, jede Zahlung
kontrolliert. Ohne Bargeld gibt es
kein anonymes Leben mehr, und kein Entkommen aus der
totalen Überwachung.
Noch gibt es eine Wahl. Noch ist Bargeld gesetzliches
Zahlungsmittel. Doch wie lange noch?

Lesen Sie dieses Buch, bevor es zu spät ist.

140 Seiten
BoD
ISBN 9783819244810
€ 22,70

Libertäres Leben –
Besser leben ohne Staat

Wie eine Welt ohne Zwang und Staat sehr gut funktionieren kann

JÖRNS BÜHNER

LIBERTÄRES LEBEN

Besser leben ohne Staat

Wie eine Welt ohne Zwang und Staat sehr gut funktionieren kann

Mit diesem Buch schließt Jörns Bühner an seine bisherigen erfolgreichen Veröffentlichungen an, darunter u.a. "Der Cholesterin-Schwindel", "Der große Finanzbetrug", "Die Fiat-Falle", "Kein Bargeld - kein Leben?" und "Im Würgegriff der Klima-Agenda", oder "WHO - Droht uns die globale Diktatur?". Wie auch in seinen anderen Werken bringt der Autor das Thema auf den Punkt: prägnant, klar strukturiert und gründlich recherchiert und mit Quellenangaben belegt.Das Buch zeigt, wie Wirtschaft, Gesundheit, Sicherheit, Bildung und Infrastruktur auch ohne staatliche Reglementierung hervorragend funktionieren können.

130 Seiten
BoD
ISBN 9783819251559
€ 22,70

Diagnose Krebs:
System Startet -Tod wartet

Wie Krebs zum gigantischen Milliardengeschäft wurde und warum echte Heilung nicht erwünscht ist"

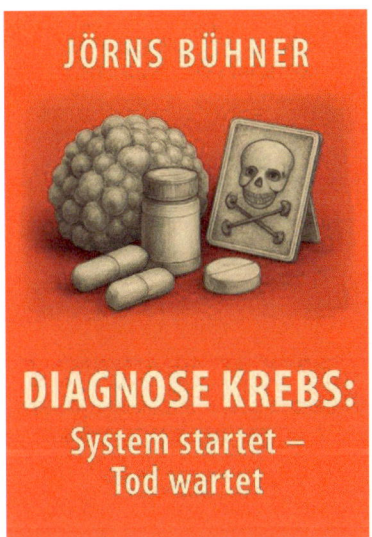

Warum steigt die Zahl der Krebserkrankungen trotz jahrzehntelanger Forschung immer weiter? Warum können die seit Jahrzehnten bestehende Krebsbehandlungen nach vorgegebenen Leitlinien keine Heilung bringen? Wieso basieren die gängigen Therapien noch immer auf einem Prinzip, das Körper und Psyche massiv schwächt, während natürliche, ganzheitliche Ansätze systematisch ignoriert, lächerlich gemacht oder sogar verboten werden? Jörns Bühner geht diesen Fragen schonungslos nach und entlarvt ein System, das die Krankheit Krebs als Geschäftsmodell perfektioniert hat können.

Ein wichtiges Buch für alle, die sich mit der Diagnose Krebs konfrontiert sehen.

128 Seiten
BoD
ISBN 9783819273858
€ 22,70

© 2025 Jörns Bühner
Verlag: BoD · Books on Demand GmbH,
Überseering 33, 22297 Hamburg, bod@bod.de
Druck: Libri Plureos GmbH, Friedensallee 273,
22763 Hamburg
ISBN: 978-3-8192-7789-4